Impressum
Verlag: BABADADA GmbH, Nedderfeld 112 , 22529 Hamburg
Geschäftsführer / Verlagsleitung: Harald Hof
Druck: Books on Demand GmbH, In de Tarpen 42, 22848 Norderstedt

Imprint
Publisher: BABADADA GmbH, Nedderfeld 112 , 22529 Hamburg, Germany
Managing Director / Publishing direction: Harald Hof
Print: Books on Demand GmbH, In de Tarpen 42, 22848 Norderstedt

σχολείο
ကျောင်း

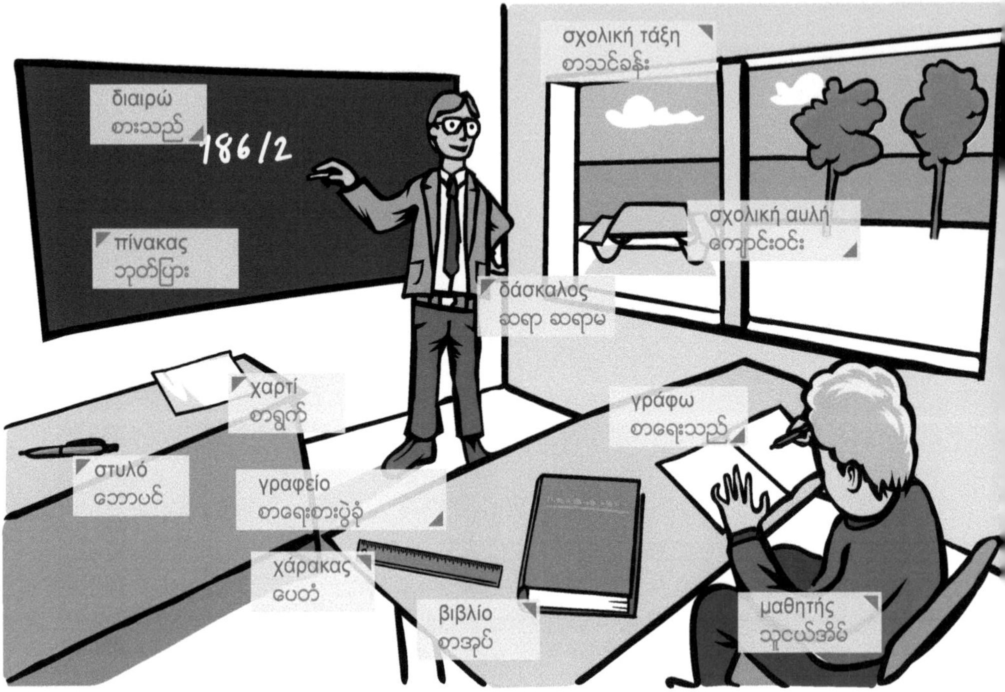

σχολική τάξη
စာသင်ခန်း
διαιρώ
စားသည်
186/2
πίνακας
ဘုတ်ပြား
σχολική αυλή
ကျောင်းဝင်း
δάσκαλος
ဆရာ ဆရာမ
χαρτί
စာရွက်
γράφω
စာရေးသည်
στυλό
ဘောပင်
γραφείο
စာရေးစားပွဲခုံ
χάρακας
ပေတံ
βιβλίο
စာအုပ်
μαθητής
သူငယ်အိမ်

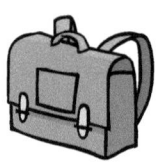

σχολική τσάντα

အဖုံးပါ ဘေးလွယ်အိတ်

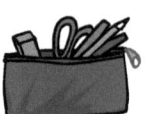

κασετίνα/ μολυβοθήκη

ခဲတံဘူး

μολύβι

ခဲတံ

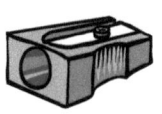

ξύστρα

ချွန်စက်

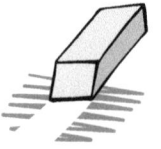

γόμα

ခဲဖျက်

μπλοκ ζωγραφικής

ပုံဆွဲစာအုပ်

ζωγραφική

ပုံဆွဲခြင်း

πινέλο

ဆေးခြယ်သည့် စုပ်တံ

κουτί χρωμάτων

အရောင်စုံ ပုံး

ψαλίδι

ကပ်ကြေး

κόλλα

ကော်

τετράδιο ασκήσεων

လေ့ကျင့်ခန်းစာအုပ်

εργασία για το σπίτι

အိမ်စာ

12

αριθμός

နံပါတ်

2+2

προσθέτω

ပေါင်းသည်

5-2

αφαιρώ

နုတ်သည်

2×2

πολλαπλασιάζω

မြှောက်သည်

υπολογίζω

တွက်ပါ

A

γράμμα

စာ

ABCDEFG HIJKLMN OPQRSTU VWXYZ

αλφάβητο

အက္ခရာ

hello

λέξη

စကားလုံး

κείμενο

ဖတ်စာအုပ်

διαβάζω

ဖတ်သည်

κιμωλία

မြေဖြူ

μάθημα

သင်ခန်းစာ

εγγράφομαι

ကျောင်းခေါ် ချိန်
မှတ်တမ်းစာအုပ်

τεστ

စာမေးပွဲ

πιστοποιητικό

အထောက်အထားလက်မှတ်

μαθητική στολή

ကျောင်းဝတ်စုံ

εκπαίδευση

ပညာရေး

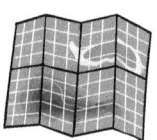

εγκυκλοπαίδεια

စွယ်စုံကျမ်း

πανεπιστήμιο

တက္ကသိုလ်

μικροσκόπιο

အနုကြည့်မှန်ပြောင်း

χάρτης

မြေပုံ

καλάθι αχρήστων

အမှိုက်စွန့်ပုံး

ταξίδι
ခရီးသွားသည်

ξενοδοχείο
ဟိုတယ်
Grand
ξενώνας
ဘော်ဒါဆောင်
ROOMS
CHANGE
ανταλλακτήρια συναλλάγματος
ငွေလဲဌာန
βαλίτσα
ခရီးဆောင်အိတ်
αυτοκίνητο
ကား

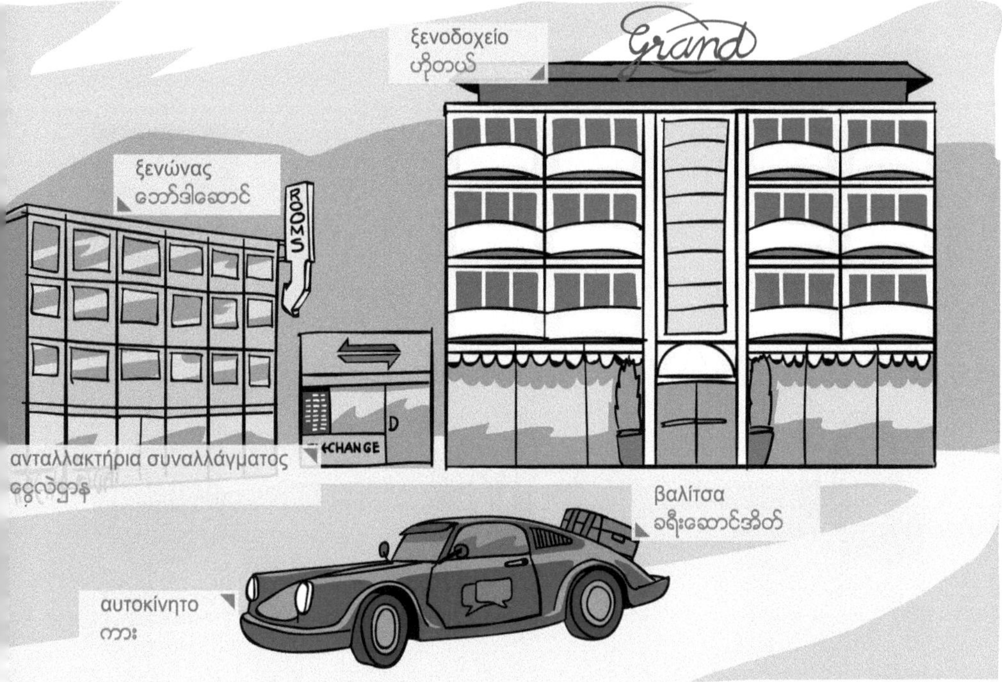

γλώσσα

ဘာသာစကား

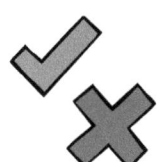

ναι / όχι

မှန် / မှား

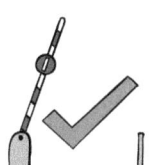

εντάξει

အိုကေ

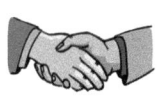

γεια σου

ဟယ်လို

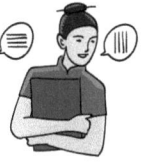

μεταφραστής

ဘာသာပြန်

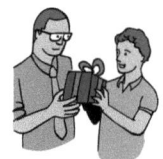

Ευχαριστώ

ကျေးဇူးတင်ပါတယ်

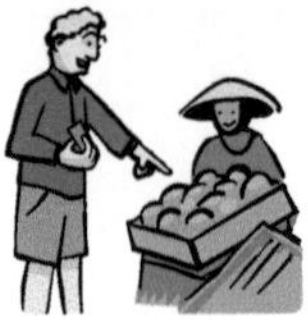

πόσο κάνει ;

......က ဘယ်လောက်လဲ။

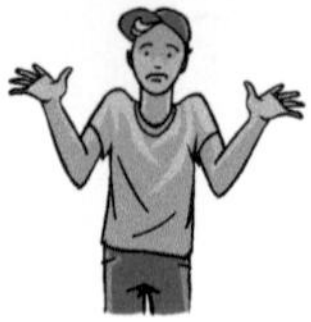

Δε καταλαβαίνω

ကျွန်ုပ် နားမလည်ဘူး

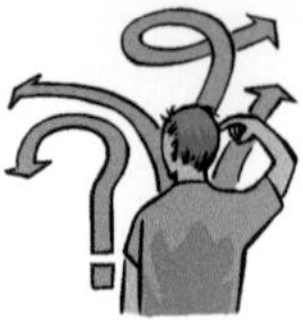

πρόβλημα

ပြဿနာ

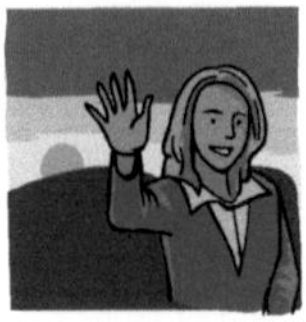

Καλησπέρα!

မင်္ဂလာ ညနေခင်းပါ။

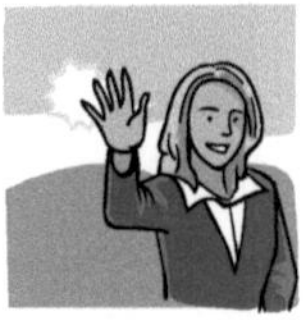

Καλημέρα!

မင်္ဂလာ နံနက်ခင်းပါ။

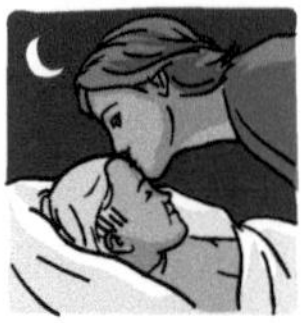

Καληνύχτα!

မင်္ဂလာ ညပါ။

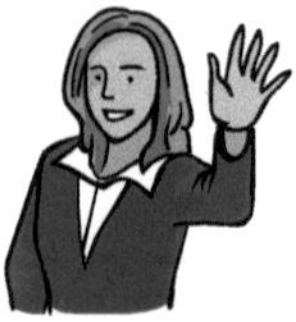

Αντίο

ဘိုင်းဘိုင်

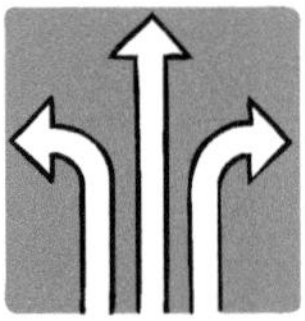

κατεύθυνση

ဦးတည်ရာ

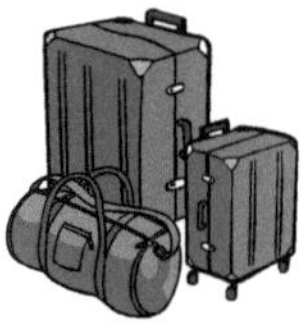

αποσκευές

ခရီးဆောင်သေတ္တာ

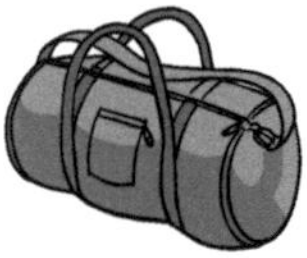

τσάντα

အိတ်

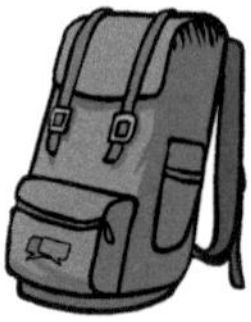

σακίδιο πλάτης

ကျောပိုးအိတ်

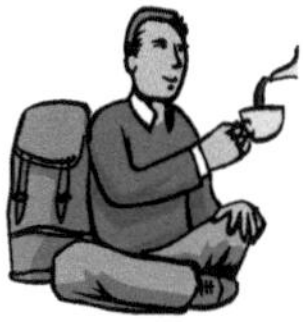

καλεσμένος

ဧည့်သည်

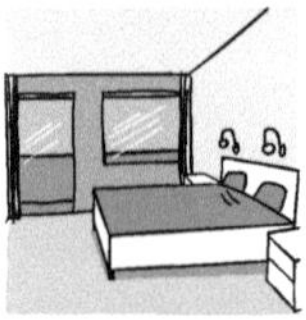

δωμάτιο

အခန်း

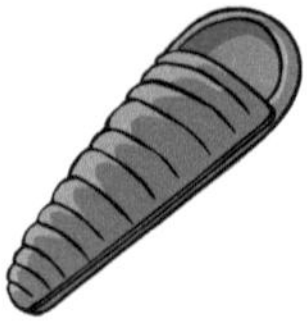

υπνόσακος

တစ်ကိုယ်စာအိပ်ယာလိပ်

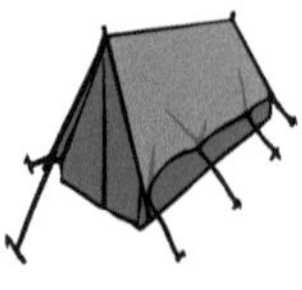

σκηνή

ရွက်ထည်တဲ

τουριστικές πληροφορίες

ခရီးသွားရည်သည်အတွက်
သတင်းအချက်အလက်

παραλία

ကမ်းခြေ

πιστωτική κάρτα

အကြွေးဝယ်ကတ်

πρωινό

နံနက်စာ

μεσημεριανό

နေ့လည်စာ

δείπνο

ညစာ

εισιτήριο

လက်မှတ်

ανελκυστήρας

ဓာတ်လှေကား

γραμματόσημο

တံဆိပ်ခေါင်း

σύνορα

နယ်စပ်

τελωνείο

အခွန်များ

πρεσβεία

သံရုံး

βίζα

ဗီဇာ

διαβατήριο

နိုင်ငံကူးလက်မှတ်

μεταφορά
သယ်ယူပို့ဆောင်ရေး

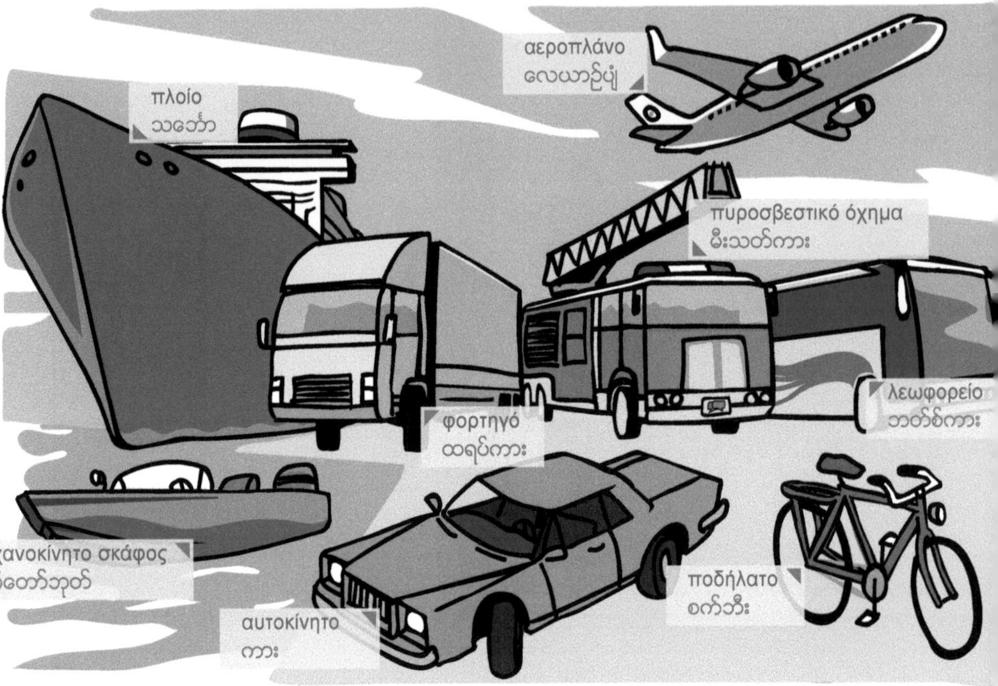
αεροπλάνο
လေယာဉ်ပျံ
πλοίο
သင်္ဘော
πυροσβεστικό όχημα
မီးသတ်ကား
λεωφορείο
ဘတ်စ်ကား
φορτηγό
ထရပ်ကား
χανοκίνητο σκάφος
ာ်တော်ဘုတ်
ποδήλατο
စက်ဘီး
αυτοκίνητο
ကား

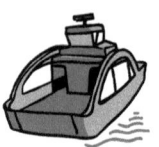

φεριμπότ

ဖယ်ရီသင်္ဘော

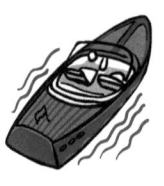

βάρκα

လှေ

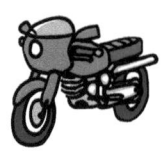

μοτοσικλέτα

မော်တော်ဆိုက်ကယ်

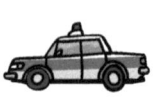

περιπολικό

ရဲကား

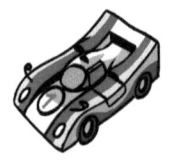

αγωνιστικό αυτοκίνητο

ပြိုင်ကား

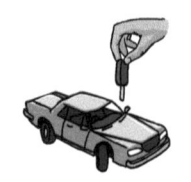

ενοικιαζόμενο αυτοκίνητο

စင်းလုံးငှားကား

διαμοιρασμός αυτοκινήτων

ကား၀ေမ္မွသုံးစွဲခြင်း

γερανός

ပျက်နေသော ထရပ်ကား

απορριμματοφόρο

အမှိုက်သယ်ယာဉ်

κινητήρας

မော်တာ

καύσιμο

လောင်စာ

βενζινάδικο

ဓာတ်ဆီဆိုင်

πινακίδα σήμανσης

လမ်းကြောပြ ဆိုင်းဘုတ်

κυκλοφορία

ယာဉ်အသွားအလာ

κυκλοφοριακή συμφόρηση

လမ်းကြောပိတ်ဆို့မှု

χώρος στάθμευσης

ကားရပ်နားရာနေရာ

σιδηροδρομικός σταθμός

ရထားဘူတာရုံ

σιδηροδρομικές γραμμές

လမ်းကြောင်းများ

τρένο

ရထား

τραμ

ဓာတ်ရထား

βαγόνι

ရထားလုံး

ελικόπτερο
ဟယ်လီကော်ပီတာ

αεροδρόμιο
လေဆိပ်

πύργος
တာဝါ

επιβάτης
ခရီးသည်

εμπορευματοκιβώτιο
ထည့်စရာပုံး

χαρτοκιβώτιο
ကတ်ထူပုံး

καρότσι
လှည်း

καλάθι
ခြင်း

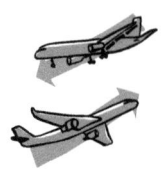

απογειώνομαι /
προσγειόνομαι
ထွက်ခွာ / ဆိုက်ရောက်

πόλη
မြို့တော်

χωριό
ကျေးရွာ

κέντρο της πόλης
မြို့လယ်ခေါင်

σπίτι
အိမ်

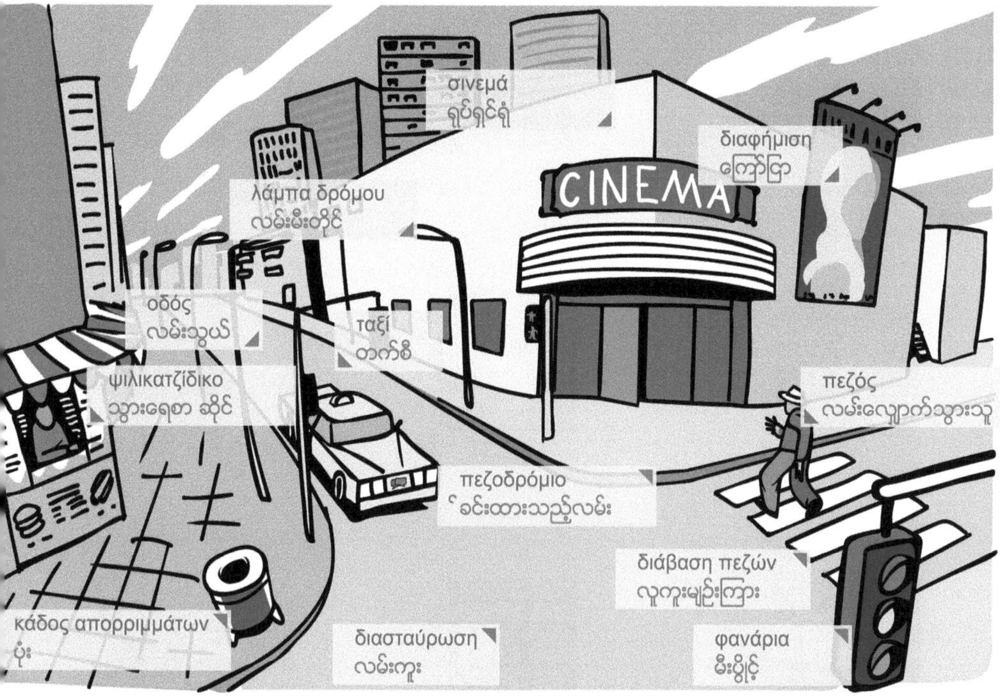

σινεμά
ရုပ်ရှင်ရုံ

διαφήμιση
ကြော်ငြာ

λάμπα δρόμου
လမ်းမီးတိုင်

CINEMA

οδός
လမ်းသွယ်

ταξί
တက္ကစီ

πεζός
လမ်းလျှောက်သွားသူ

ψιλικατζίδικο
သွားရေစာ ဆိုင်

πεζοδρόμιο
ခြေထားသည့်လမ်း

διάβαση πεζών
လူကူးမျဉ်းကြား

κάδος απορριμμάτων
ပုံး

διασταύρωση
လမ်းကူး

φανάρια
မီးပွိုင့်

καλύβα
တဲအိမ်

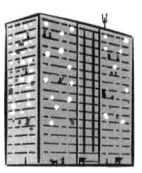

διαμέρισμα
နေအိမ်ခန်း

σιδηροδρομικός σταθμός
ရထားဘူတာရုံ

δημαρχείο
မြို့တော်ခန်းမ

μουσείο
ပြတိုက်

σχολείο
ကျောင်း

πόλη - မြို့တော်

11

πανεπιστήμιο

တက္ကသိုလ်

τράπεζα

ဘဏ်

νοσοκομείο

ဆေးရုံ

ξενοδοχείο

ဟိုတယ်

φαρμακείο

ဆေးဆိုင်

γραφείο

ရုံးခန်း

βιβλιοπωλείο

စာအုပ်ဆိုင်

κατάστημα

ဆိုင်

ανθοπωλείο

ပန်းရောင်းသူ၏

σούπερ μάρκετ

စူပါမားကတ်

αγορά

ဈေး

πολυκατάστημα

ပစ္စည်းမျိုးစုံရောင်းသည့်
စတိုးဆိုင်ကြီး

ιχθυοπωλείο

ငါးရောင်းသူ၏

εμπορικό κέντρο

ဈေးဝယ်စင်တာ

λιμάνι

သင်္ဘောဆိပ်

πόλη - မြို့တော်

πάρκο

အနားယူဥ္ယံန္းျမ

παγκάκι

ထိုင်ခုံတန်း

γέφυρα

တံတား

σκάλες

လှေကားထစ်များ

μετρό

မြေအောက်

τούνελ

ဥမင်လှိုင်ခေါင်း

στάση λεωφορείου

ဘတ်စ်ကားမှတ်တိုင်

μπαρ

ဘား

εστιατόριο

စားသောက်ဆိုင်

γραμματοκιβώτιο

စာတိုက်သေတ္တာ

πινακίδα δρόμου

လမ်းဆိုင်းဘုတ်

παρκόμετρο

ကားရပ်နားခ ကောက်ခံသည့်
မီတာ

ζωολογικός κήπος

တိရိစ္ဆာန်ရုံ

πισίνα

ရေကူးကန်

τζαμί

ဗလီ

αγρόκτημα

သယ်ယာ

ρύπανση

ညစ်ညမ်းမှု

νεκροταφείο

သချိုင်းကုန်း

εκκλησία

ဘုရားရှိခိုးကျောင်း

παιδική χαρά

ကစားကွင်း

ναός

ဘုရားကျောင်း

τοπίο

ရှုခင်း

φύλλο
သစ်ရွက်

πινακίδα κατεύθυνσης
ဆိုင်းဘုတ်

δρόμος
လမ်း

λιβάδι
မြက်ခင်း

πέτρα
ကျောက်တုံး

δέντρο
သစ်ပင်

πεζοπόρος
တောင်တက်သမား

ποτάμι
မြစ်

χορτάρι
မြက်

λουλούδι
ပန်း

κοιλάδα
တောင်ကြား

λόφος
တောင်ကုန်း

λίμνη
ရေကန်

δάσος
သစ်တော

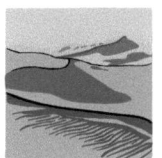

έρημος
သဲကန္တာရ

ηφαίστειο
မီးတောင်

κάστρο
ရဲတိုက်

ουράνιο τόξο
သက်တန့်

μανιτάρι
မှို

φοίνικας
ထန်းပင်

κουνούπι
ခြင်

μύγα
ယင်သန်းသည်

μυρμήγκι
ပုရွက်ဆိတ်

μέλισσα
ပျား

αράχνη
ပင့်ကူ

σκαθάρι

ပိုးတောင်မာ

βάτραχος

ဖား

σκίουρος

ရှဉ့်

σκαντζόχοιρος

ဖြူကောင်

λαγός

ယုန်

κουκουβάγια

ဇီးကွက်

πουλί

ငှက်

κύκνος

ငန်း

αγριογούρουνο

တောဝက်

ελάφι

သမင်

άλκη

ချိုပြားဒရယ်

φράγμα

ဆည်

ανεμογεννήτρια

လေအားသုံး
လျှပ်စစ်ဓာတ်အားပေးစက်

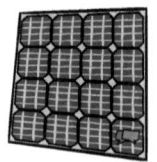

ηλιακός συλλέκτης

နေရောင်ခြည်ခံပြား

κλίμα

ရာသီဥတု

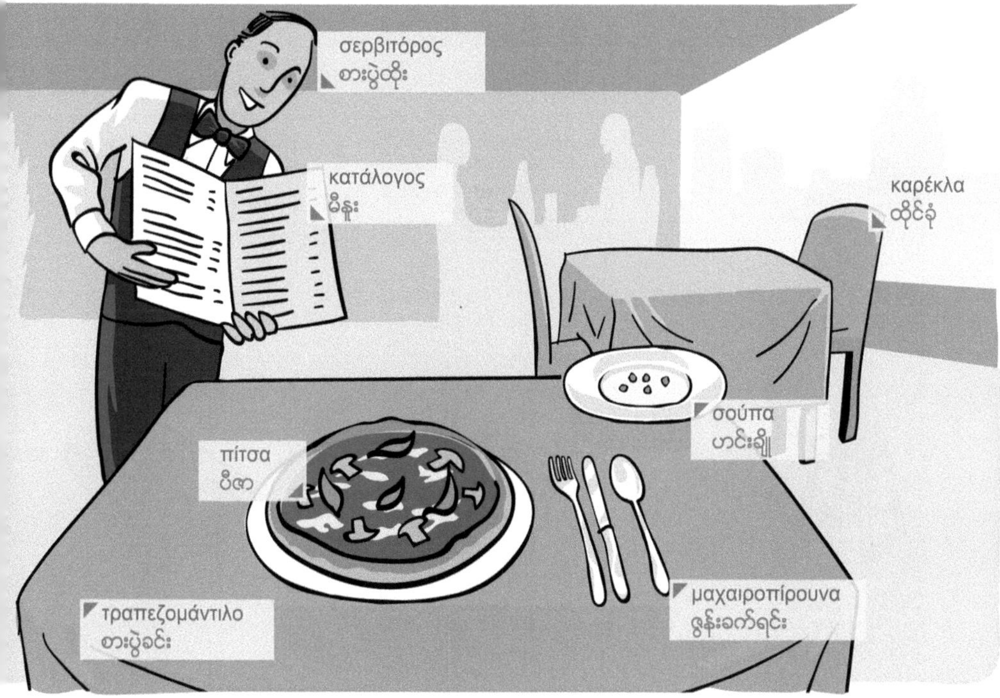

σερβιτόρος
စားပွဲထိုး

κατάλογος
မီနူး

καρέκλα
ထိုင်ခုံ

σούπα
ဟင်းချို

πίτσα
ပီဇာ

μαχαιροπίρουνα
ဇွန်းခက်ရင်း

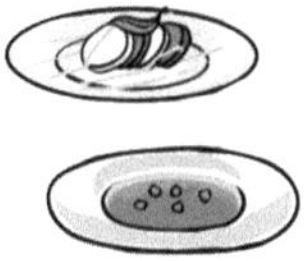

τραπεζομάντιλο
စားပွဲခင်း

ορεκτικό
ပထမဆုံး စစားသည့် အစာ

κύριο πιάτο
ပင်မ အစာ

επιδόρπιο
အချိုပွဲ

ποτά
သောက်စရာများ

φαγητό
အစားအစာ

μπουκάλι
ပုလင်း

φαστ φουντ

အာသင့်ပြင်ပြီးသား အစားအစာ

φαγητό στ' όρθιο

လမ်းဘေးအစားအစာ

τσαγιέρα

လက်ဖက်ရည်အိုး သို့မဟုတ် ရေနွေးကြမ်းအိုး

δοχείο ζάχαρης

သကြားအိုး

μερίδα

တစ်ယောက်စာ

μηχανή εσπρέσο

အက်စ်ပရက်ဆို ကော်ဖီစက်

ψηλή καρέκλα

ထိုင်ခုံအမြင့်

λογαριασμός

ငွေတောင်းခံလွှာ

δίσκος

ဗန်း

μαχαίρι

ဓါး

πιρούνι

ခက်ရင်း

κουτάλι

ဇွန်း

κουταλάκι του τσαγιού

လက်ဖက်ရည်ဇွန်း

πετσέτα φαγητού

လက်သုတ်ပုဝါ

ποτήρι

ရေသောက်ဖန်ခွက်

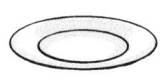

πιάτο
ပန်းကန်ပြား

πιάτο σούπας
ဟင်းချိုပန်းကန်ပြား

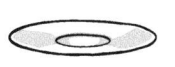

πιατάκι φλιτζανιού
ပန်းကန်ပြား

σάλτσα
ဆော့စ်

αλατιέρα
ဆားအိုး

μύλος για πιπέρι
ငရုတ်ကောင်း ချေစက်

ξύδι
ရှာလကာရည်

λάδι
ဆီ

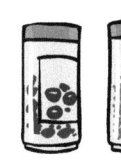

μπαχαρικά
ဟင်းခတ်အမွှေးအကြိုင်

κέτσαπ
ခရမ်းချဉ်သီးဆော့စ်

μουστάρδα
မုန်ညင်းဆီဆော့စ်

μαγιονέζα
မယ်လိုးနိစ်

σούπερ μάρκετ

စူပါမားကတ်

προσφορά
အထူးကမ်းလှမ်းချက်
FOR
πελάτης
ဖောက်သည် သို့မဟုတ် ဈေးဝယ်သူ
γαλακτοκομικά προϊόντα
နို့ထွက်ပစ္စည်း
φρούτα
သစ်သီး
καρότσι για ψώνια
ထရော်လီလှည်း

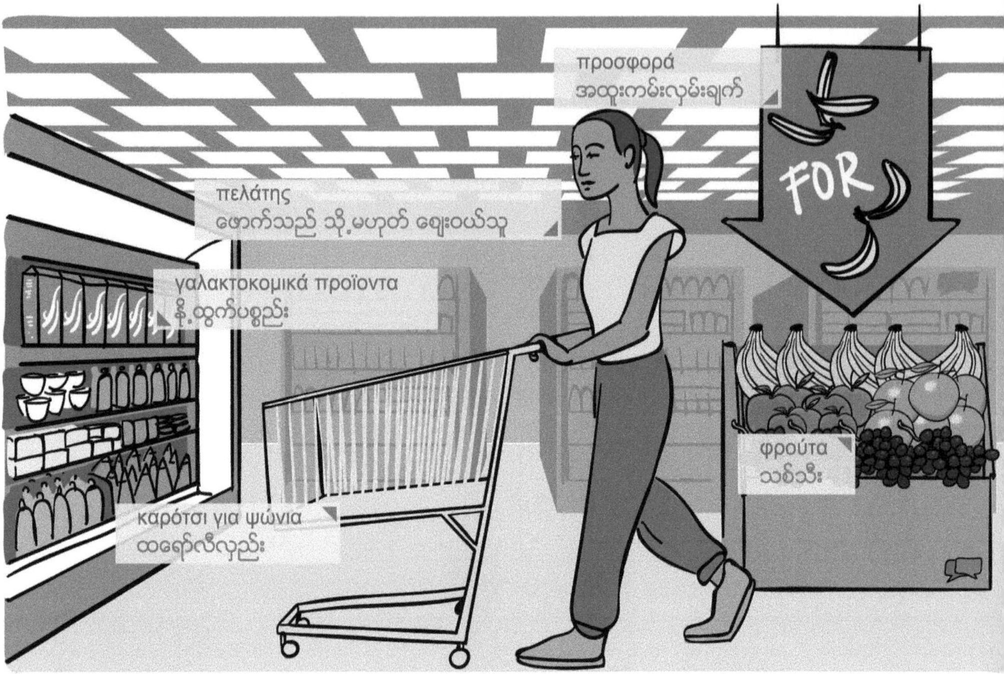

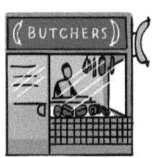

BUTCHERS

κρεοπωλείο
....
သားသတ်သမား၏

BAKERY

φούρνος
....
မုန့်ဖုတ်သမား၏

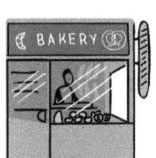

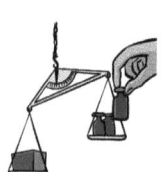

ζυγίζω
....
အလေးချိန်သည်

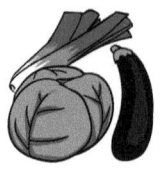

λαχανικά
....
ဟင်းသီးဟင်းရွက်

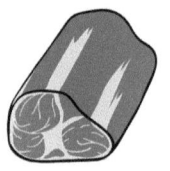

κρέας
....
အသား

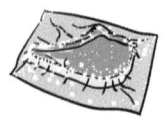

κατεψυγμένα τρόφιμα
....
အေးခဲထားသည့် အစားအစာ

αλλαντικά

ငါးဆင်ထားသော အသားအေး

κονσερβοποιημένη τροφή

သံဗူးသွပ် အစားအစာ

απορρυπαντικό ρούχων

ဆပ်ပြာမှုန့်

γλυκά

သကြားလုံးများ

οικιακά είδη

အိမ်သုံး ပစ္စည်းများ

καθαριστικά προϊόντα

သန့်ရှင်းရေး ပစ္စည်းများ

πωλήτρια

ဈေးရောင်းသူ

ταμείο

အထိ

ταμίας

ငွေကိုင်

λίστα για ψώνια

ဈေးဝယ်စာရင်း

ωράριο λειτουργίας

ဖွင့်ချိန်နာရီများ

πορτοφόλι

အိတ်ဆောင် ပိုက်ဆံအိတ်

πιστωτική κάρτα

အကြွေးဝယ်ကတ်

τσάντα

အိတ်

πλαστική σακούλα

ပလတ်စတစ်အိတ်

ποτά
သောက်စရာများ

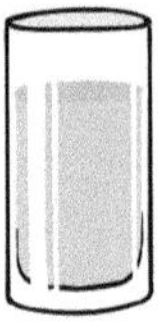

νερό

ရေ

χυμός

သစ်သီးဖျော်ရည်

γάλα

နွားနို့

κόκα κόλα

ကိုကာကိုလာ

κρασί

ဝိုင်

μπίρα

ဘီယာ

αλκοόλ

အရက်

κακάο

ကိုကိုးမှုန့်

τσάι

လက်ဖက်ရည် သို့မဟုတ် ရေနွေးကြမ်း

καφές

ကော်ဖီ

εσπρέσο

အက်စ်ပရက်ဆို ကော်ဖီ

καπουτσίνο

ကပူချီနိုကော်ဖီ

μπανάνα

ငှက်ပျောသီး

μήλο

ပန်းသီး

πορτοκάλι

လိမ္မော်သီး

πεπόνι

ဖရဲသီးမျိုးဝင်

λεμόνι

သံပုရိုသီး

καρότο

မုန်လာဥနီ

σκόρδο

ကြက်သွန်ဖြူ

μπαμπού

မျှစ်

κρεμμύδι

ကြက်သွန်နီ

μανιτάρι

မှို

ξηροί καρποί

ဩဈ္စေများ

νουντλς

ခေါက်ဆွဲ

μακαρόνια

စပါဂတီ ခေါ် အီတလီ ခေါက်ဆွဲ

ρύζι

ထမင်း

σαλάτα

ဆလပ်ရွက်သုတ်

πατατάκια

အကြွပ်ကြော်များ

τηγανητές πατάτες

အာလူးကြော်

πίτσα

ပီဇာ

χάμπουργκερ

ဟမ်ဘာဂါ

σάντουιτς

အသားညှပ်ပေါင်မုန့်

κοτολέτα

ကတ်တလိပ်

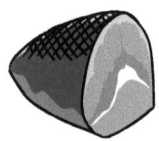

ζαμπόν

ဝက်ပေါင်ခြောက်

σαλάμι

ဆလာမီ

λουκάνικο

ဝက်အူချောင်း

κοτόπουλο

ကြက်သား

ψητό

ရို့စ်လုပ်ခြင်း

ψάρι

ငါး

χυλός βρώμης

ကွေကာအုတ်

μούσλι

မျူးစလီ

κορν φλέικς

ပြောင်းဆန်ပြား

αλεύρι

ဂျုံမုန့်

κρουασάν

ခရာဆွန်း ခေါ်
ပြင်သစ်ပေါင်မုန့်တစ်မျိုး

ψωμάκι

ပေါင်မုန့်လိပ်

ψωμί

ပေါင်မုန့်

τοστ

ပေါင်မုန့်မီးကင်

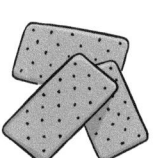

μπισκότα

ဘီစကစ်

βούτυρο

ထောပတ်

τυρόπηγμα

ဒိန်ခဲ

κέικ

ကိတ်မုန့်

αυγό

ဥ

τηγανητό αυγό

ဥကြော်

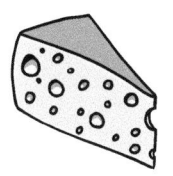

τυρί

ချိစ်

παγωτό

ရေခဲမုန့်

ζάχαρη

သကြား

μέλι

ပျားရည်

μαρμελάδα

ယို

άλλειμμα σοκολάτας

ယိုသုတ်စားသည့် ချောကလက်

κάρυ

ဟင်း

αγρόκτημα
လယ်ယာ

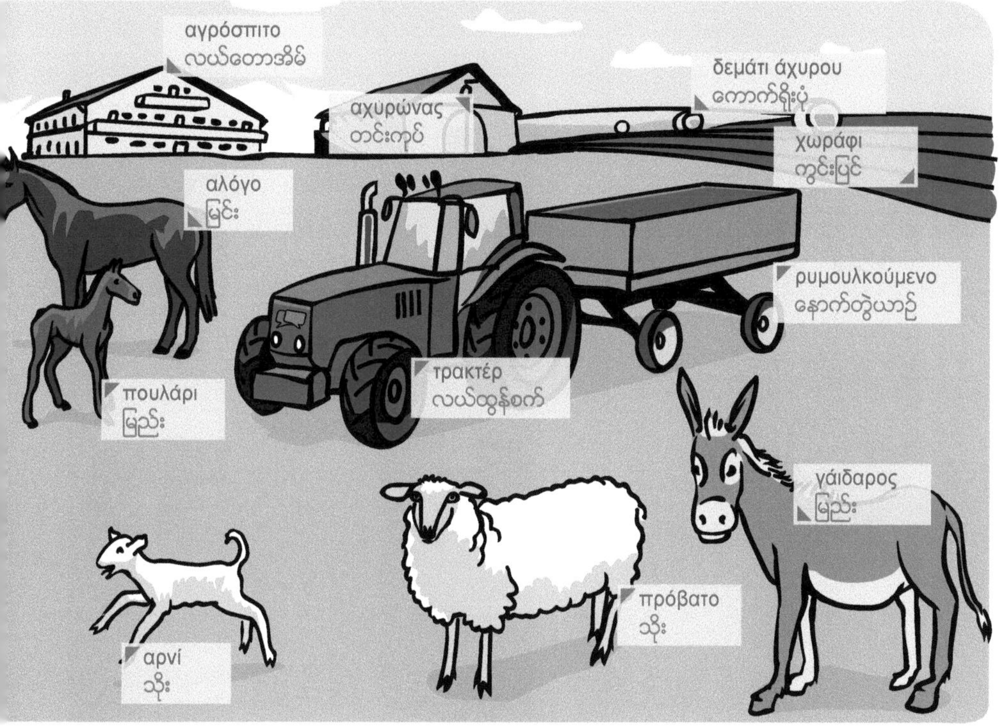

αγρόσπιτο
လယ်တောအိမ်
αχυρώνας
တင်းကုပ်
δεμάτι άχυρου
ကောက်ရိုးပုံ
χωράφι
ကွင်းပြင်
αλόγο
မြင်း
ρυμουλκούμενο
နောက်တွဲယာဉ်
τρακτέρ
လယ်ထွန်စက်
πουλάρι
မြည်း
γάιδαρος
မြည်း
πρόβατο
သိုး
αρνί
သိုး

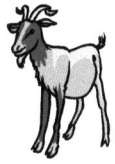

κατσίκα

ဆိတ်

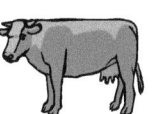

αγελάδα

နွားမ

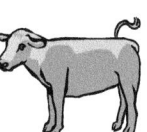

μοσχαράκι

နွားလေး

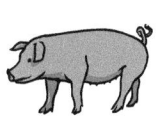

γουρούνι

ဝက်

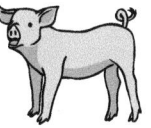

γουρουνάκι

ဝက်ကလေး

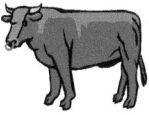

ταύρος

နွားထီး

χήνα

ဘဲငန်း

πάπια

ဘဲ

κοτοπουλάκι

ကြက်ပေါက်ကလေး

κότα

ကြက်မ

κόκορας

ကြက်ဖ

αρουραίος

ကြွက်

γάτα

ကြောင်

ποντίκι

ကြွက်ကလေး

βόδι

နွားထီး

σκύλος

ခွေး

σπιτάκι σκύλου

ခွေးအိမ်

λάστιχο κήπου

ပန်းခြံရေပိုက်

ποτιστήρι

ရေလောင်းသည့်ခွက်

θεριστήρι

တံစဉ်အပြားကြီး

αλέτρι

ထယ်

δρεπάνι
တံစဉ့်

τσάπα
ပေါက်ပြား

δίκρανο
ကောက်ဆွ

τσεκούρι
ပေါက်ချွန်း

χειράμαξα
ဘီးတပ် လက်တွန်းလှည်း

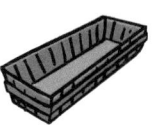

ταΐστρα
စားခွက်

δοχείο γάλακτος
နို့ပုံး

σάκος
အိတ်

φράχτης
ခြံစည်းရိုး

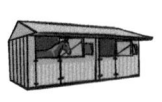

στάβλος
မြင်းဇောင်း

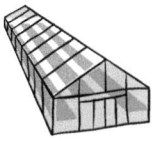

θερμοκήπιο
မှန်လုံအိမ်

έδαφος
မြေကြီး

σπόρος
အစေ့

λίπασμα
မြေသြဇာ

θεριζοαλωνιστική μηχανή
စပါင်း ရိတ်သိမ်းသူ

θερίζω

ရိတ်သိမ်းသည်

συγκομιδή

ရိတ်သိမ်းသည်

γιαμς

ပီလောပိန်

σιτάρι

ဂျုံ

σόγια

ႆပဲပုပ်

πατάτα

အာလူး

καλαμπόκι

ပြောင်း

κράμβη

နံစားပြောင်းဆီ

οπωροφόρο δέντρο

အသီးပင်

μανιόκα

ပီလောပိန်

δημητριακά

စီရီရယ် ခေါ် နံနက်စာတစ်မျိုး

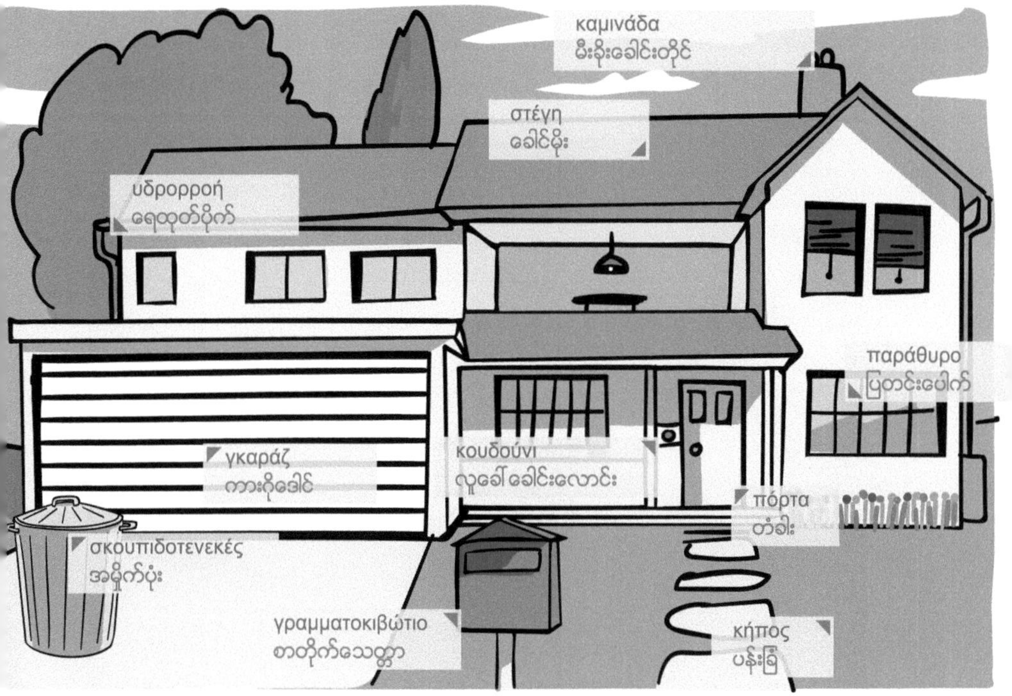

καμινάδα
မီးခိုးခေါင်းတိုင်

στέγη
ခေါင်မိုး

υδρορροή
ရေထုတ်ပိုက်

παράθυρο
ပြတင်းပေါက်

γκαράζ
ကားဂိုခေါင်

κουδούνι
လူခေါ်ခေါင်းလောင်း

πόρτα
တံခါး

σκουπιδοτενεκές
အမှိုက်ပုံး

γραμματοκιβώτιο
စာတိုက်သေတ္တာ

κήπος
ပန်းခြံ

σαλόνι
ဧည့်ခန်း

μπάνιο
ရေချိုးခန်း

κουζίνα
မီးဖိုချောင်

υπνοδωμάτιο
အိပ်ခန်း

παιδικό δωμάτιο
ကလေး အခန်း

τραπεζαρία
ထမင်းစားခန်း

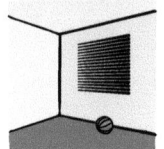

πάτωμα

ကြမ်းပြင်

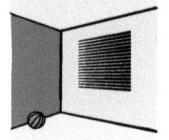

τοίχος

နံရံ

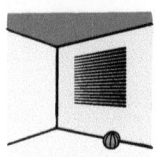

οροφή

မျက်နှာကြက်

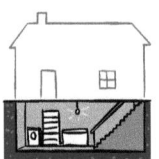

κελάρι

မြေအောက်ခန်း

σάουνα

ချွေးထုတ်ခန်း

μπαλκόνι

ဝရန်တာ

βεράντα

ဝရန်တာ

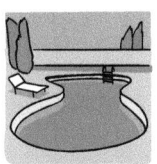

πισίνα

ရေကူးကန်

μηχανή του γκαζόν

မြက်ရိတ်စက်

σεντόνι

အခြင်

κάλυμμα κρεβατιού

အိပ်ယာခင်း

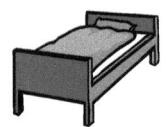

κρεβάτι

အိပ်ယာ

σκούπα

တံမြက်စည်း

κουβάς

ရေပုံး

διακόπτης

မီးခလုတ်

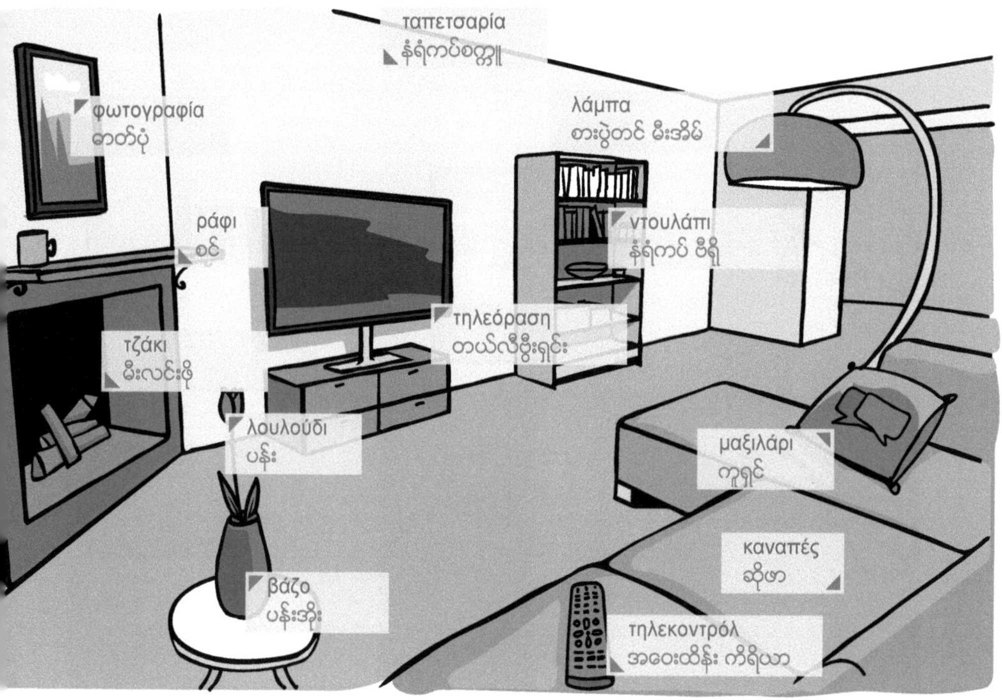

ταπετσαρία
နံရံကပ်စက္ကူ။

φωτογραφία
ဓာတ်ပုံ

ράφι
စင်

λάμπα
စားပွဲတင် မီးအိမ်

ντουλάπι
နံရံကပ် ဗီရို

τζάκι
မီးလင်းဖို

τηλεόραση
တယ်လီဗွီးရှင်း

λουλούδι
ပန်း

μαξιλάρι
ကုရှင်

βάζο
ပန်းအိုး

καναπές
ဆိုဖာ

τηλεκοντρόλ
အဝေးထိန်း ကိရိယာ

χαλί
....
ကော်ဇော

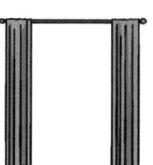

κουρτίνα
....
ကန့်လန့်ကာ

τραπέζι
....
စားပွဲခုံ သို့မဟုတ် ဇယား

καρέκλα
....
ထိုင်ခုံ

κουνιστή πολυθρόνα
....
ရှေ့နောက် ယိမ်းနိုင်သည့် ထိုင်ခုံ

πολυθρόνα
....
လက်တင်ထိုင်ခုံ

βιβλίο

စာအုပ်

κουβέρτα

စောင်

διακόσμηση

အပြင်အဆင်

καυσόξυλα

ထင်း

ταινία

ဖလင် သို့ မဟုတ် ရုပ်ရှင်

στερεοφωνικό σύστημα

ဟိုင်ဖိုင် ကိရိယာ

κλειδί

သော့

εφημερίδα

သတင်းစာ

πίνακας ζωγραφικής

ပန်းချီကား

αφίσα

ပိုစတာ

ραδιόφωνο

ရေဒီယို

σημειωματάριο

မှတ်စုစာရွက်အုပ်

ηλεκτρική σκούπα

ဖုံစုပ်စက်

κάκτος

ရှားစောင်းပင်

κερί

ဖယောင်းတိုင်

κουζίνα
မီးဖိုချောင်

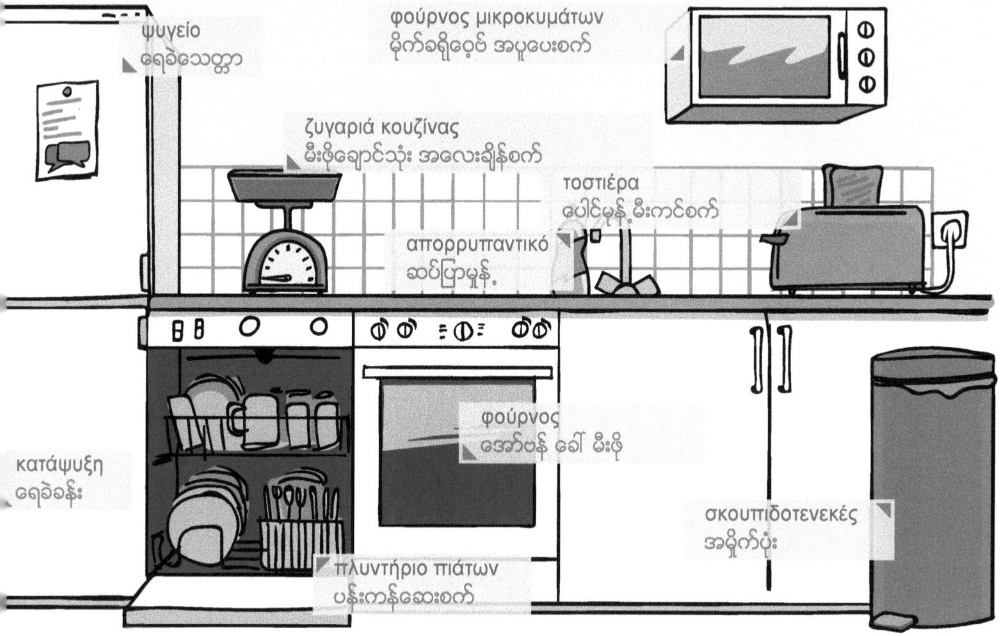
ψυγείο
ရေခဲသေတ္တာ
φούρνος μικροκυμάτων
မိုက်ခရိုဝေ့ဗ် အပူပေးစက်
ζυγαριά κουζίνας
မီးဖိုချောင်သုံး အလေးချိန်စက်
τοστιέρα
ပေါင်မုန့် မီးကင်စက်
απορρυπαντικό
ဆပ်ပြာမှုန့်
φούρνος
အော်ဗန် ခေါ် မီးဖို
κατάψυξη
ရေခဲခန်း
σκουπιδοτενεκές
အမှိုက်ပုံး
πλυντήριο πιάτων
ပန်းကန်ဆေးစက်

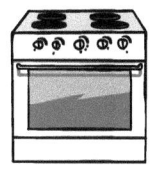

κουζίνα

လျှပ်စစ် ချက်ပြုတ်အိုး

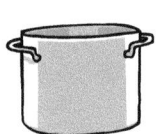

κατσαρόλα

အိုး

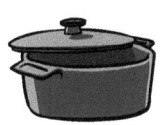

μαντεμένια κατσαρόλα

သံအိုးကြီး

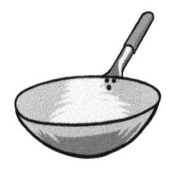

γουόκ/καντάι

မွှေကြော်သည့် ဒယ်အိုးကြီး / ကာဒိုင်း

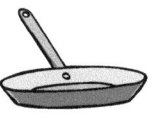

τηγάνι

ဒယ်အိုး

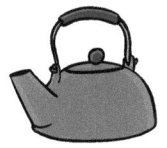

βραστήρας

ရေနွေးတည်သည့်အိုး

ατμομάγειρας

ပေါင်းစက်

ταψί

မုန့်.ဖုတ်သည့် ပန်း

πιατικά

ကြွေပန်းကန်ပြား ခွက်ယောက်

κούπα

မတ်ခွက်

μπολ

ဇလုံပန်းကန်

ξυλάκια

အစားသည့်တူများ

κουτάλα

ယောက်ချို

σπάτουλα

မွှေသည့်အတံ

ανακατεύω

ခေါက်တံ

σουρωτήρι

စစ်သည့် အရာ

σουρωτηράκι

စကာ

τρίφτης

ခြစ်သည့်ကိရိယာ

γουδί

ကြိပ်ဆုံ

ψησταριά

ဘာဘီကျူးကင်

ανοιχτή φωτιά

ထင်းမီးဖို

σανίδα κοπής
စင်းနီးတုံး

πλάστης
လည်နေသောပင်

ανοιχτήρι φελλών
ဖော့ဆို့

κονσέρβα
သံဗူး

ανοιχτήρι κονσέρβας
သံဗူးဖောက်တံ

γάντι φούρνου
အိုးတင်သည့်အရာ

νεροχύτης
ရေဆေးသည့် နေရာ

βούρτσα
စုပ်တံ

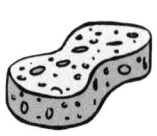

σφουγγάρι
ရေမြှုပ်

μπλέντερ
မွှေသည့်စက်

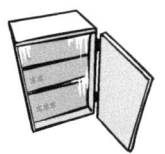

καταψύκτης
အေးခဲသည့် ရေခဲခန်း

μπιμπερό
ကလေးနို့ဗူး

βρύση
ရေပိုက်ခေါင်း

μπάνιο
ရေချိုးခန်း

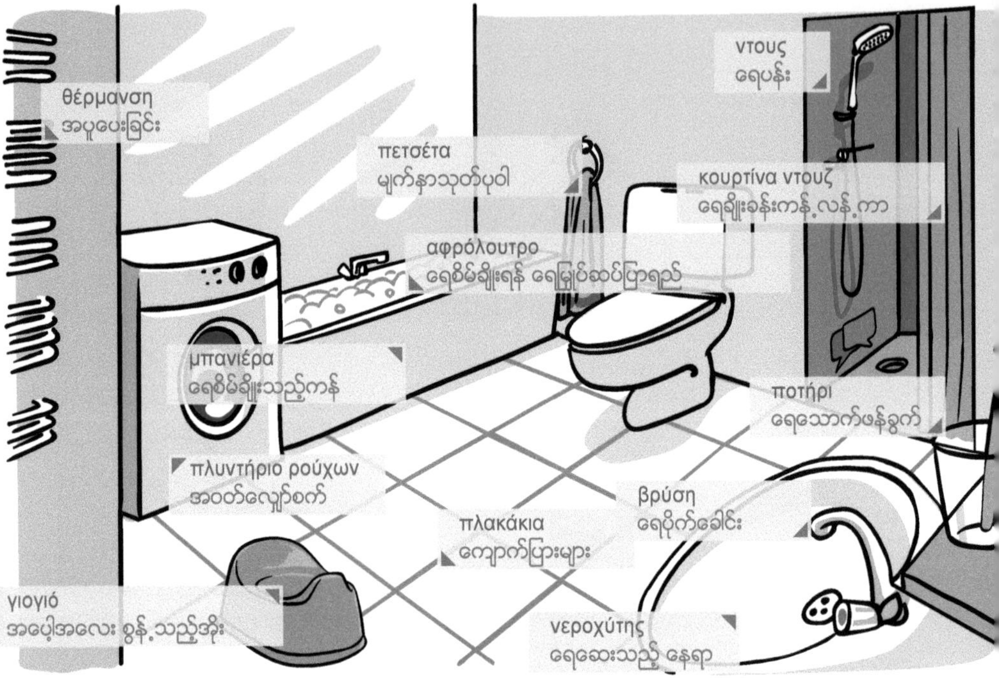
θέρμανση
အပူပေးခြင်း
πετσέτα
မျက်နှာသုတ်ပုဝါ
ντους
ရေပန်း
κουρτίνα ντουζ
ရေချိုးခန်းကန့်လန့်ကာ
αφρόλουτρο
ရေစိမ်ချိုးရန် ရေမြှုပ်ဆပ်ပြာရည်
μπανιέρα
ရေစိမ်ချိုးသည့်ကန်
ποτήρι
ရေသောက်ဖန်ခွက်
πλυντήριο ρούχων
အဝတ်လျှော်စက်
βρύση
ရေပိုက်ခေါင်း
πλακάκια
ကျောက်ပြားများ
γιογιό
အပေါ့အလေး စွန့်သည့်အိုး
νεροχύτης
ရေဆေးသည့် နေရာ

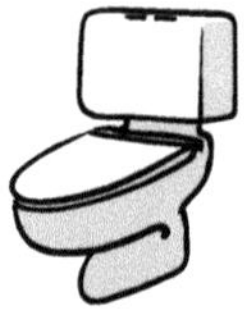

τουαλέτα

အိမ်သာ

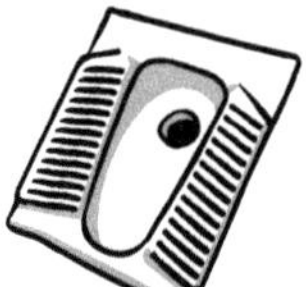

τούρκικη τουαλέτα

ဆောင့်ကြောင့်ထိုင်ရသည့် အိမ်သာ

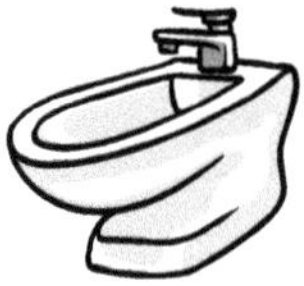

μπιντές

အမျိုးသမီးသုံး အောက်ပိုင်းဆေးသည့် ကမုတ်

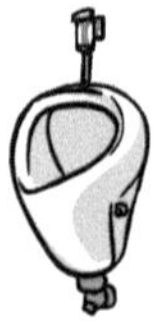

ουρητήριο

အမျိုးသား ဆီးသွားသည့်ကမုတ်

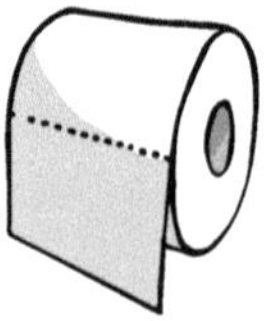

χαρτί υγείας

အိမ်သာသုံး စက္ကူ

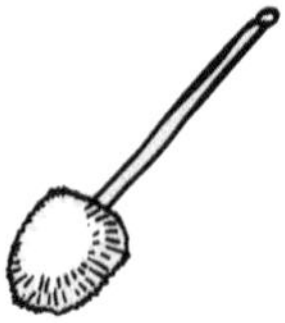

πιγκάλ

အိမ်သာတိုက် ဘရပ်ရှ်

οδοντόβουρτσα
သွားတိုက်တံ

οδοντόκρεμα
သွားတိုက်ဆေး

οδοντικό νήμα
သွား ချေးထုတ်သည့် ကြိုး

πλένω
ဆေးကြောသည်

τηλέφωνο ντους
လက်ကိုင် ရေပန်း

ντουσιέρα
ရေပန်းဖြင့်ရေချိုးခြင်း

λεκάνη
ရေအင်တုံ

βούρτσα πλάτης
နောက်ကျော ချေးတွန်းသည့်
ဘရပ်ရှ်

σαπούνι
ဆပ်ပြာ

αφρόλουτρο
ရေချိုးဆပ်ပြာရည်

σαμπουάν
ခေါင်းလျှော်ရည်

φανέλα
ဖလန်နယ်စ

σιφόνι
ရေထွက်ပေါက်

κρέμα
ခရင်မ်

αποσμητικό
ဒီအော်ဒရန့် ခေါ်
ကိုယ်လိမ်းအမွှေးနံ့သာ

καθρέφτης
မှန်

καθρέφτης χειρός
လက်ကိုင်မှန်

ξυραφάκι
မုတ်ဆိတ်ရိတ်တံ

αφρός ξυρίσματος
မုတ်ဆိတ်ရိတ်ရန် အမြှုပ်

αφτερσέιβ
မုတ်ဆိတ်ရိတ်ပြီး
လိမ်းသည့်အမွှေးနံ့သာ

χτένα
ခေါင်းဘီး

βούρτσα
ဘရပ်ရှ်

σεσουάρ
ဆံပင်ခြောက်စက်

λακ
ဆံပင်ဖြန်းဆေး

μακιγιάζ
မိတ်ကပ်

κραγιόν
နှုတ်ခမ်းဆိုးဆေး

βερνίκι νυχιών
လက်သည်းဆိုးဆေး

βαμβάκι
ဂွမ်းလုံး

ψαλίδι νυχιών
လက်သည်းညှပ် ကပ်ကြေး

άρωμα
ရေမွှေး

νεσεσέρ

ရေချိုးခန်းသုံး အိတ်

σκαμπό

ခွေးခြေ

ζυγαριά

ကိုယ်အလေးချိန်တိုင်းသည့်စက်

μπουρνούζι

ရေချိုးပြီး ဝတ်သည့်ဝတ်ရုံ

ελαστικά γάντια

ရာဘာ လက်အိတ်များ

ταμπόν

တန်ပွန် ခေါ် မွေတာလာစဉ် မိန်း
မကိုယ်တွင်းထည့်သည့်အရာ

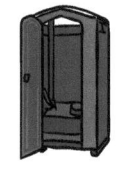

πετσέτα υγιεινής

အမျိုးသမီး လစဉ်သုံးပုဝါစ

χημική τουαλέτα

ဓာတုပစ္စည်းထည့်သုံးသည့်
အိမ်သာ

παιδικό δωμάτιο

ကလေး အခန်း

ξυπνητήρι
နှိုးစက်
λούτρινο ζωάκι
ဖက်အိပ်သည့်အရုပ်
αυτοκινητάκι
အရုပ်ကား
κουδουνίστρα
ခလောက်
κουκλόσπιτο
အရုပ်မအိမ်
δώρο
လက်ဆောင်

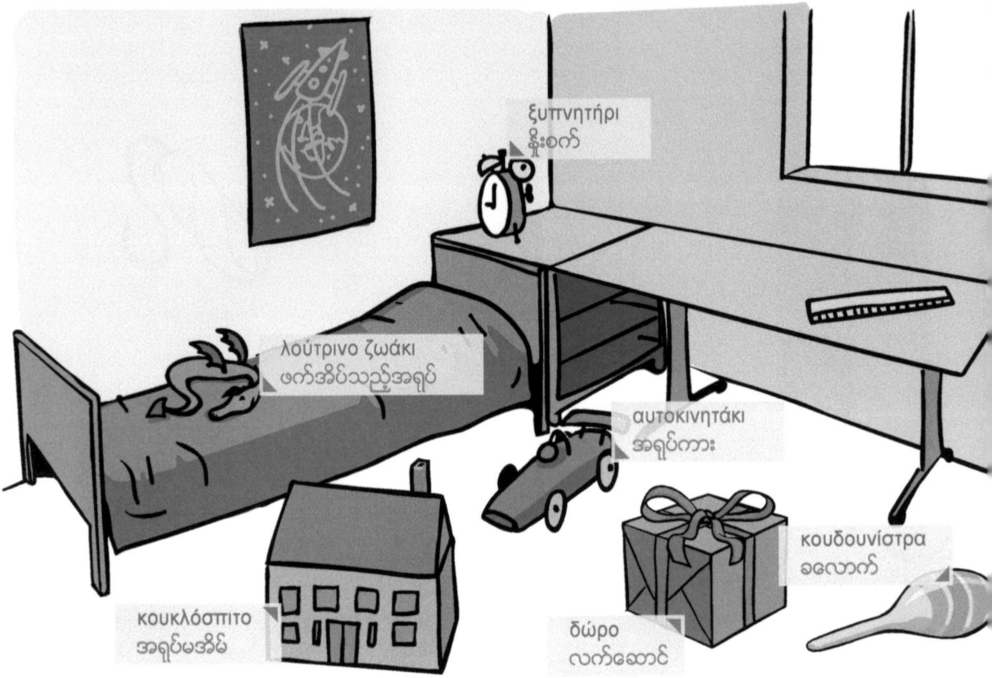

μπαλόνι

ပူဖောင်း

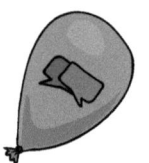

κρεβάτι

အိပ်ယာ

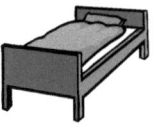

καροτσάκι

ကလေးတွန်းလှည်း

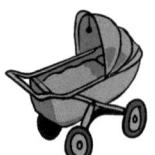

τράπουλα

ကစားသည့်ကတ်ထုပ်

παζλ

ဂျစ်ဆော ခေါ်
ဆက်၍ကစားသည့်
အပိုင်းအစများ

SUPER
MEGA

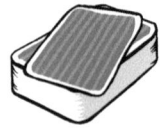

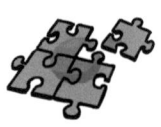

κόμικς

ရုပ်ပြစာအုပ်

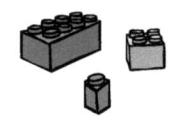

τουβλάκια lego

ဆောက်၍ကစားသည့် လေဂို
အတုံးများ

τουβλάκια κατασκευών

ဆောက်၍ကစားသည့်
အတုံးများ

φιγούρα δράσης

လှုပ်ရှားလုပ်ကိုင်သူ

βρεφικό φορμάκι

ဘော်ဒီဂရိုး

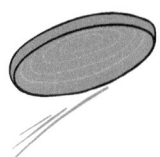

φρίσμπι

ဖရစ်ဘီး ခေါ် ပစ်၍ ကစားသည့်
အပြား

μόμπιλο

ရွှေ့လျားနိုင်သော

επιτραπέζιο παιχνίδι

တ်ပြားပေါ်တွင် ကစားနည်း

ζάρια

အံစာတုံး

σετ τρενάκι

ကစားစရာ ရထား အစုံမော်ဒယ်

πιπίλα

အရုပ်

πάρτι

ပါတီ

εικονογραφημένο βιβλίο

ရုပ်ပြစာအုပ်

μπάλα

ဘောလုံး

κούκλα

အရုပ်မ

παίζω

ကစားသည်

σκάμμα με άμμο

ကစားသည့် သဲပုံး

κούνια

ဒန်း

παιχνίδια

အရုပ်များ

κονσόλα βιντεοπαιχνιδιών

ဗွီဒီယိုဂိမ်းကစားသည့် စက်

τρίκυκλο

သုံးဘီး စက်ဘီး

αρκουδάκι

တက်ဒီ ဝက်ဝံရုပ်

ντουλάπα

အဝတ်ဗီရို

ρούχα

အဝတ်အစား

κάλτσες

ခြေအိတ်များ

καλτσοδέτες

အမျိုးသမီးဝတ် ခြေအိတ်ရှည်

καλσόν

အမျိုးသမီး ခြေအိတ်အကြပ်

κασκόλ
ပုဝါ

ζώνη
ခါးပတ်

ομπρέλα
ထီး

μπλουζάκι
တီရှပ်

αθλητικά παπούτσια
အားကစားဖိနပ်များ

μπότες
ဘွတ်ဖိနပ်များ

παντόφλες
ခြေညှပ်ဖိနပ်များ

σανδάλια
ခြေစွပ် နောက်ပိတ်ဖိနပ်

παπούτσια
ရှူးဖိနပ်များ

γαλότσες
ရာဘာ ဘွတ်ဖိနပ်များ

εσώρουχο
အောက်ခံ အဝတ်များ

σουτιέν
ဘရာစီယာ

φανέλα
အပေါ်ထပ် လက်ပြတ်အကျီ

ρούχα - အဝတ်အစား   45

σώμα

ကိုယ်ခန္ဓာ

παντελόνι

ဘောင်းဘီရှည်

τζιν παντελόνι

ဂျင်းဘောင်းဘီ

φούστα

စကပ်

μπλούζα

ဘလောက်စ်အင်္ကျီ

πουκάμισο

ရှပ်အင်္ကျီ

πουλόβερ

ခေါင်းစွပ်အင်္ကျီ

πουλόβερ

ခေါင်းစွပ်ပါ အင်္ကျီ

σακάκι

ဘလေဇာကုတ်အင်္ကျီ

μπουφάν

ဂျက်ကတ်အင်္ကျီ

παλτό

ကုတ်အင်္ကျီ

αδιάβροχο πανωφόρι

မိုးကာ ကုတ်အင်္ကျီ

κοστούμι

ဝတ်စုံ

φόρεμα

ဂါဝန်

νυφικό

လက်ထပ် ဝတ်စုံ

κοστούμι

အနောက်တိုင်းဝတ်စုံပြည့်

νυχτικό

ညအိပ်အကျီ

πιτζάμες

ညအိတ်ဝတ်စုံ

σάρι

ဆာရီ

μαντήλι

ခေါင်းအုပ်ပုဝါ

τουρμπάνι

တာဘန် ခေါ် ခေါင်းပေါင်း

μπούρκα

ဘာကာခေါ်
အမျိုးသမီးခေါင်းအုပ်

καφτάνι

ကွဖ်တန် ခေါ်
အမျိုးသားဝတ်ဘောင်းဘီ

μουσουλμανικό ένδυμα

အာဝယာ ခေါ် မွတ်ဆလင်
အမျိုးသမီးဝတ်အကျီ

ολόσωμο μαγιό

ရေကူးဝတ်စုံ

ανδρικό μαγιό

အဝတ်သေတ္တာ

σορτς

ဘောင်းဘီတို

αθλητική φόρμα

အားကစားဝတ်စုံ

ποδιά

ခါးစည်း အဝတ်

γάντια

လက်အိတ်များ

κουμπί
ကြယ်သီး

γυαλιά
မျက်မှန်

βραχιόλι
လက်ကောက်

περιδέραιο
လည်ဆွဲ

δαχτυλίδι
လက်စွပ်

σκουλαρίκι
နားကပ်

καπέλο
ခေါင်းဆောင်း ဦးထုပ်

κρεμάστρα
ကုတ်အက်ျီ ချိတ်

καπέλο
ဦးထုပ်

γραβάτα
နက်တိုင်

φερμουάρ
ဇစ်

κράνος
ဟဲလ်မက်ခေါ် ခေါင်းဆောင်း

τιράντες
သွားထိန်းများ

μαθητική στολή
ကျောင်းဝတ်စုံ

στολή
ယူနီဖောင်းဝတ်စုံ

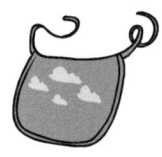

σαλιάρα

သွားရည်ခံ

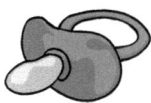

πιπίλα

အရုပ်

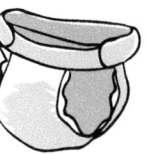

πάνα

ကလေးအနှီး

γραφείο
ရုံးခန်း

σέρβερ
ဆာဗာ
αρχειοθήκη
ဖိုင်ထည့်သည့် ဗီရို
εκτυπωτής
ပရင်တာ
χαρτί
စာရွက်
οθόνη
မော်နီတာ
ποντίκι
မောက်စ်
γραφείο
စာရေးစားပွဲခုံ
ντοσιέ
စာရွက်ထည့်သည့် ခေါက်ဖိုင်
πληκτρολόγιο
ကီးဘုတ်
καλάθι αχρήστων
အမှိုက်စက္ကူပုံး
υπολογιστής
ကွန်ပြူတာ
καρέκλα
ထိုင်ခုံ

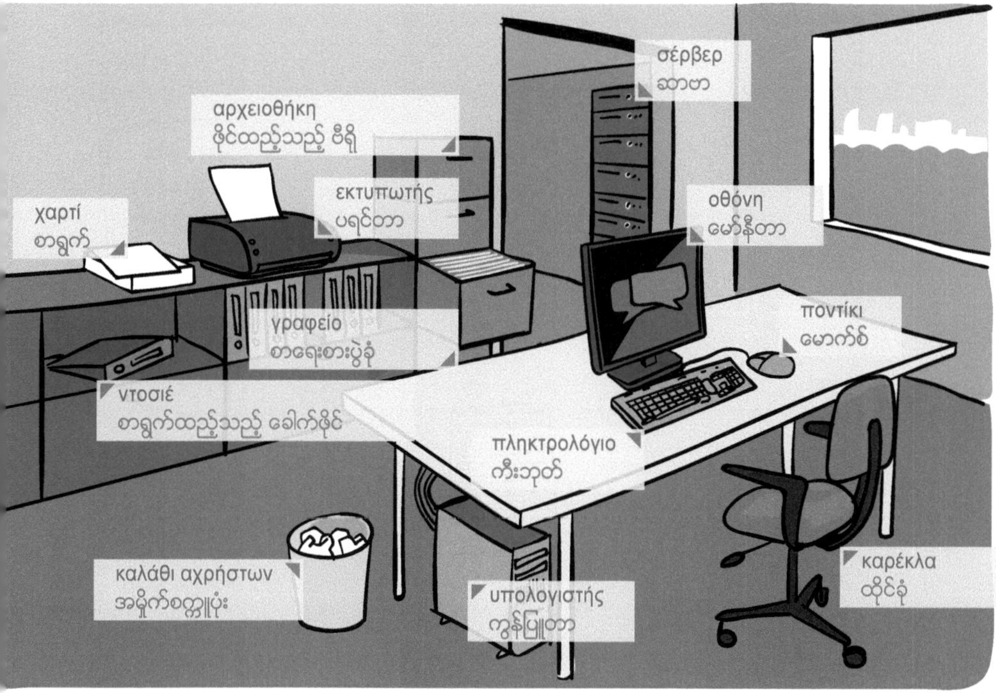

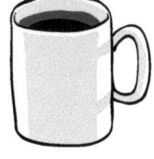

κούπα του καφέ

ကော်ဖီ မတ်ခွက်

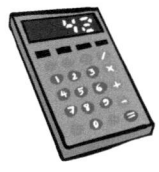

κομπιουτεράκι

ဂဏန်းတွက်စက်

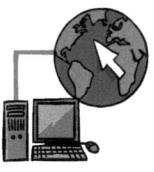

ίντερνετ

အင်တာနက်

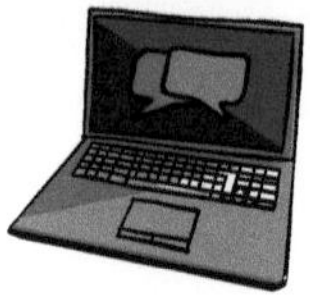

λάπτοπ

ပေါင်ပေါ်တင်ရိုက်နိုင်သည့် ကွန်ပြူတာ

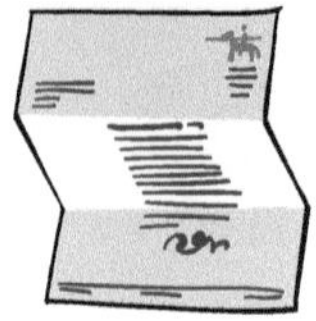

γράμμα

စာ

μήνυμα

မက်ဆေ့ချ်

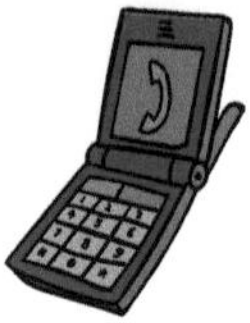

κινητό

မိုဘိုင်းဖုန်း

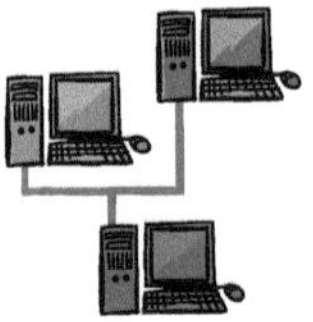

δίκτυο

ကွန်ရက်

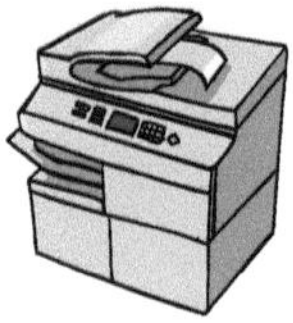

φωτοτυπικό μηχάνημα

မိတ္တူကူးစက်

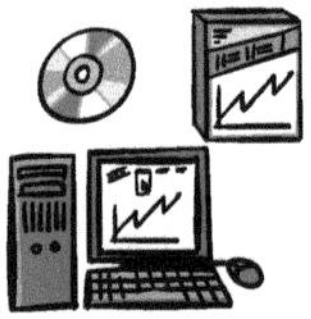

λογισμικό

ဆော့ဖ်ဝဲရ်

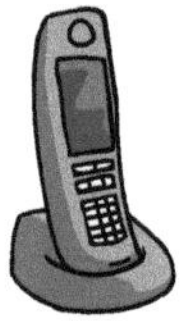

τηλέφωνο

တယ်လီဖုန်း

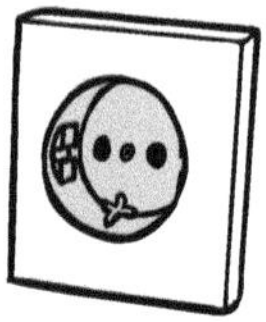

πρίζα

ပလပ်ပေါက်

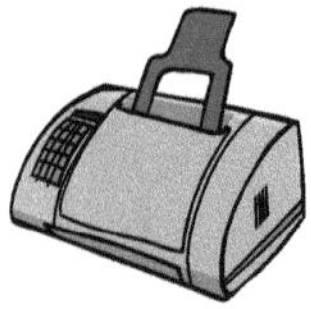

συσκευή φαξ

ဖက်စ်ပို့သည့် စက်

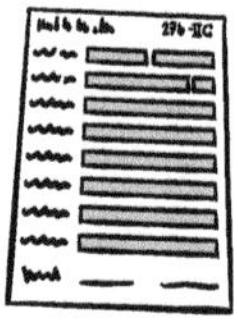

έντυπο

ပုံစံ

έγγραφο

စာရွက်စာတမ်း

αγοράζω

ဝယ်ယူသည်

πληρώνω

ပေးအပ်သည်

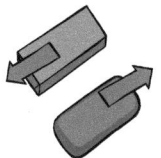

συναλλάσσομαι

ကုန်သွယ်သည်

χρήματα

ပိုက်ဆံ

δολάριο

ဒေါ်လာ

ευρώ

ယူရိုငွေ

γιεν

ယန်းငွေ

ρούβλι

ရူဘယ်ငွေ

ελβετικό φράγκο

ဆွစ်ဇာလန်နိုင်ငံသုံးငွေ

ρενμίνμπι γιουάν

ရမ်မင်ဘီ ယွမ်

ρουπία

ရူပီး

ATM (αυτόματη ταμειακή μηχανή)

ငွေချေသည့်နေရာ

ανταλλακτήρια
συναλλάγματος
ငွေလဲ့ဌာန

χρυσός
ရွှေ

ασήμι
ငွေ

πετρέλαιο
ဆီ

ενέργεια
စွမ်းအင်

τιμή
ဈေးနှုန်း

συμβόλαιο
စာချုပ်

φόρος
အခွန်

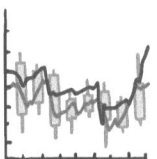

μετοχή
စတော့ဈေးကွက်

δουλεύω
အလုပ်လုပ်သည်

υπάλληλος
ဝန်ထမ်း

εργοδότης
အလုပ်ရှင်

εργοστάσιο
စက်ရုံ

κατάστημα
ဆိုင်

επαγγέλματα
အလုပ်အကိုင်များ

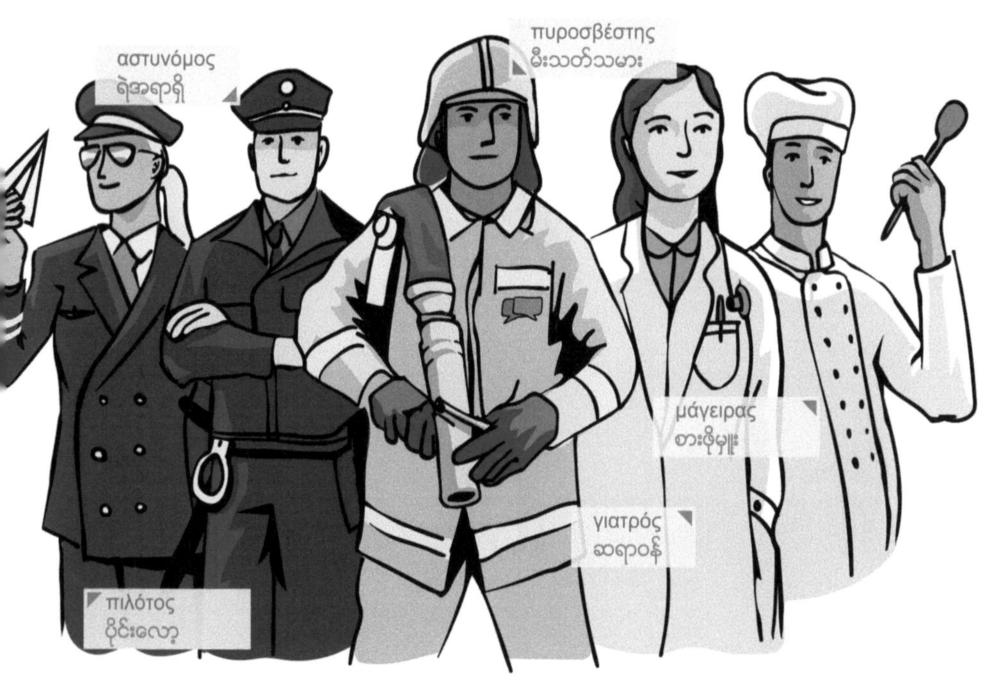
αστυνόμος
ရဲအရာရှိ
πυροσβέστης
မီးသတ်သမား
μάγειρας
စားဖိုမှူး
γιατρός
ဆရာဝန်
πιλότος
ပိုင်းလော့

κηπουρός

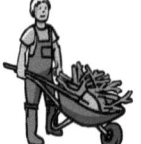

မာလီ

ξυλουργός

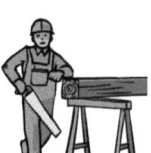

လက်သမား

μοδίστρα

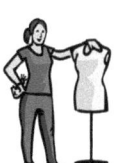

စက်ချုပ်သူ

δικαστής

တရားသူကြီး

χημικός

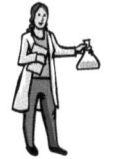

ဓာတုဗေဒပညာရှင်

ηθοποιός

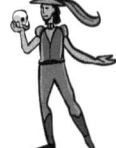

သရုပ်ဆောင်

οδηγός λεωφορείου

ဘတ်စ်ကားမောင်းသမား

ταξιτζής

တက်စီမောင်းသူ

ψαράς

ငါးဖမ်းသမား

καθαρίστρια

သန့်ရှင်းရေး အလုပ်သမ

τεχνίτης στεγών

အမိုးပြင်သူ

σερβιτόρος

စားပွဲထိုး

κυνηγός

အမဲလိုက်မုဆိုး

ζωγράφος

ဆေးသုတ်သမား သို့ မဟုတ် ပန်းချီဆရာ

αρτοποιός

မုန့်ဖုတ်သမား

ηλεκτρολόγος

လျှပ်စစ်ပညာရှင်

οικοδόμος

ဆောက်လုပ်ရေးသမား

μηχανολόγος

အင်ဂျင်နီယာ

κρεοπώλης

သားသတ်သမား

υδραυλικός

ပိုက်ဆက်ဆရာ

ταχυδρόμος

စာပို့သမား

στρατιώτης

စစ်သား

αρχιτέκτονας

ဗိသုကာပညာရှင်

ταμίας

ငွေကိုင်

ανθοπώλης

ပန်းပညာရှင်

κομμωτής

ဆံပင်အလှပြင်သူ

ελεγκτής εισιτηρίων

လက်မှတ်စစ်

μηχανικός

စက်ပြင်ဆရာ

καπετάνιος

ကပ္ပတိန်

οδοντίατρος

သွားဘက်ဆိုင်ရာ ဆရာဝန်

επιστήμονας

သိပ္ပံပညာရှင်

ραβίνος

ရာဘိုင်

ιμάμης

မွတ်ဆလင် တရားဟောဆရာ

μοναχός

ဘုန်းကြီး

ιερέας

တရားဟောဆရာ

εργαλεία
ကိရိယာ တန်ဆာပလာများ

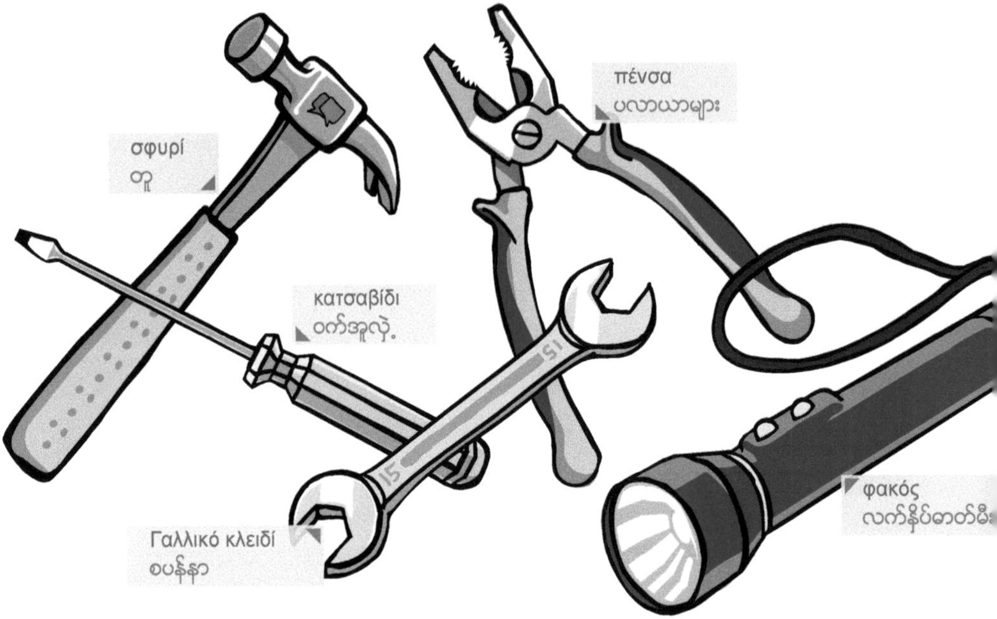
σφυρί
တူ
πένσα
ပလာယာများ
κατσαβίδι
ဝက်အူလှည့်
Γαλλικό κλειδί
စပန်နာ
φακός
လက်နှိပ်ဓာတ်မီး

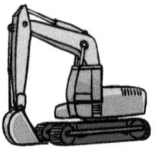

εκσκαφέας

မြေတူးစက်

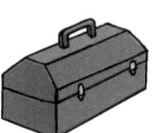

εργαλειοθήκη

လက်သမားသုံးကိရိယာ
သေတ္တာ

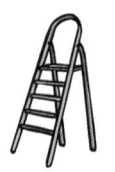

σκάλα

လှေကား

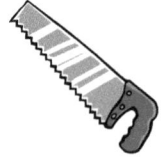

πριόνι

လွှ

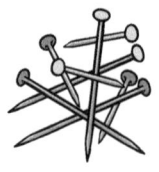

καρφιά

လက်သည်းများ

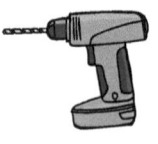

τρυπάνι

အပေါက်ဖောက်စက်

επισκευάζω

ပြင်ဆင်သည်

φτυάρι

ဂေါ်ပြား

Να πάρει!

ချီးတဲ့မုပဲ

φαράσι

ဖုန်ကျိုးသည့် ဂေါ်ပြား

δοχείο χρωμάτων

ဆေးရောင်အိုး

βίδες

ဝက်အူများ

μουσικά όργανα
ဂီတတူရိယာများ

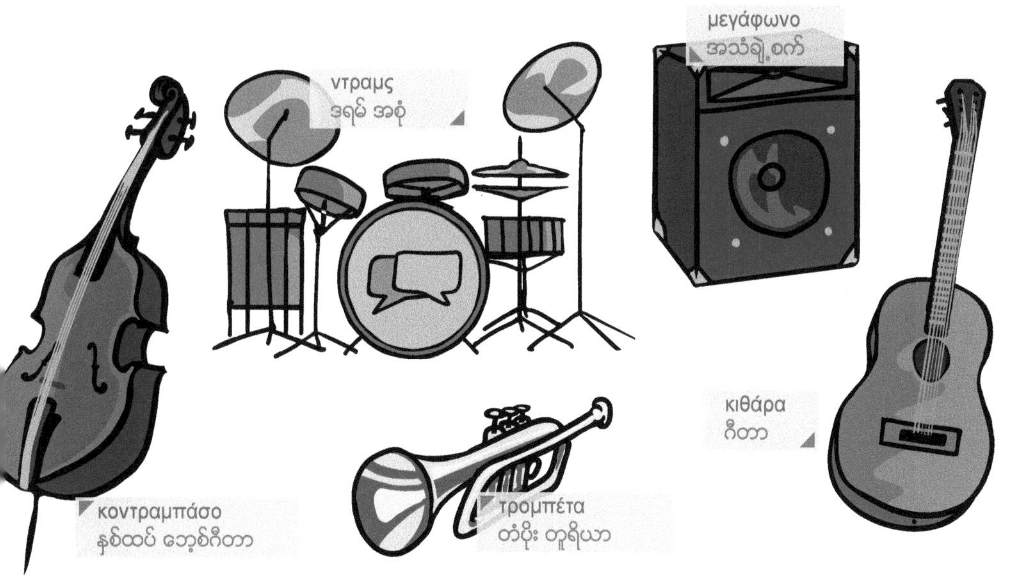

μεγάφωνο
အသံချဲ့စက်

ντραμς
ဒရမ် အစုံ

κιθάρα
ဂီတာ

κοντραμπάσο
နစ်ထပ် ဘော့စ်ဂီတာ

τρομπέτα
တံပိုး တူရိယာ

πιάνο

စန္ဒယား

βιολί

တယော

μπάσο

ဘော့စ်ဂီတာ

τύμπανα

နားစည်အမွေးပါး

τύμπανο

ဒရမ်များ

πλήκτρα

ကီးဘုတ် တူရိယာ

σαξόφωνο

ဆက်ဆိုဖုန်း ခေါ်
လေမှုတ်တူရိယာ

φλάουτο

ပုလွေ

μικρόφωνο

စကားပြောစက်

ζωολογικός κήπος
တိရစ္ဆာန်ရုံ

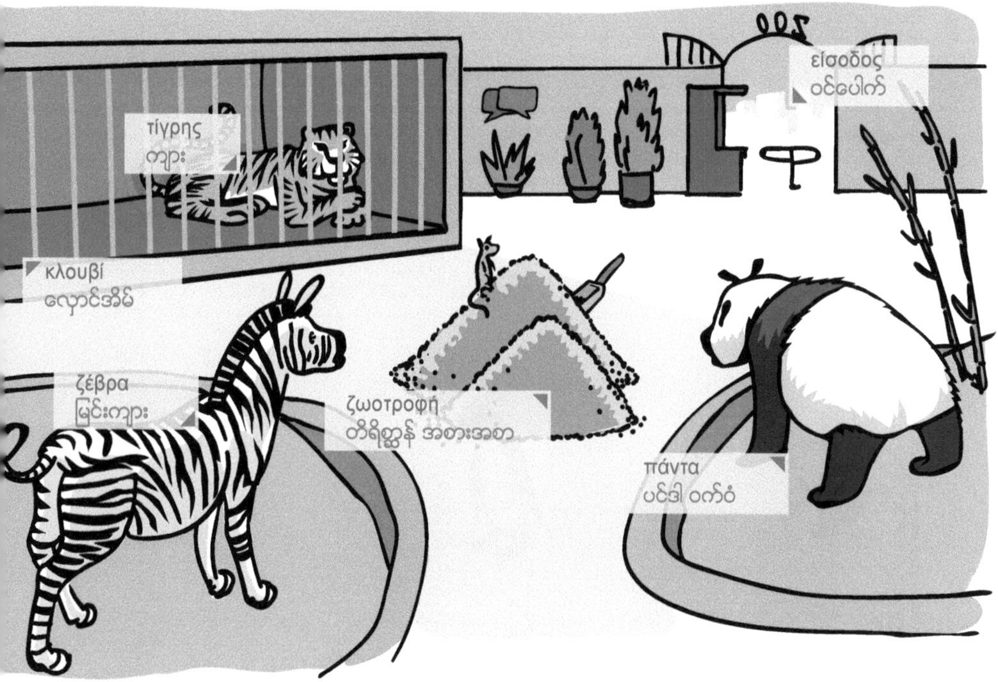

τίγρης
ကျား
είσοδος
ဝင်ပေါက်
κλουβί
လှောင်အိမ်
ζέβρα
မြင်းကျား
ζωοτροφή
တိရစ္ဆာန် အစားအစာ
πάντα
ပင်ဒါ ဝက်ဝံ

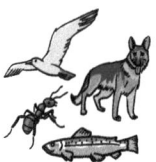

ζώα

တိရစ္ဆာန်များ

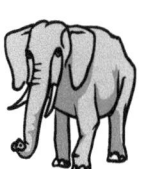

ελέφαντας

ဆင်

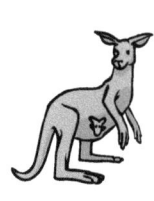

καγκουρό

သားပိုက်ကောင်

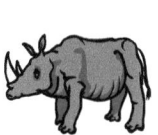

ρινόκερος

ကြံ့

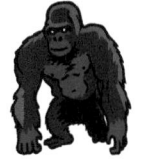

γορίλας

ဂေါ်ရီလာမျောက်

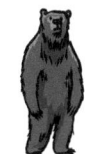

αρκούδα

ဝက်ဝံ

καμήλα

ကုလားအုတ်

στρουθοκάμηλος

ငှက်ကုလားအုတ်

λιοντάρι

ခြင်္သေ့

πίθηκος

မျောက်

φλαμίνγκο

ဖလန်မင်းဂိုးငှက်

παπαγάλος

ကြက်တူရွေး

πολική αρκούδα

ပိုလာဝက်ဝံ

πιγκουίνος

ပင်ဂွင်းငှက်

καρχαρίας

ငါးမန်း

παγώνι

ဥဒေါင်းငှက်

φίδι

မြွေ

κροκόδειλος

မိချောင်း

φύλακας ζωολογικού κήπου

တိရိစ္ဆာန်ရုံ ထိန်းသိမ်းသူ

φώκια

ဖျံ

τζάγκουαρ

ကျားသစ်

πόνυ

ပိုနီမြင်း

λεοπάρδαλη

ကျားသစ်

ιπποπόταμος

ရေမြင်း

καμηλοπάρδαλη

သစ်ကုလားအုတ်

αετός

သိန်းငှက်

αγριογούρουνο

တောဝက်

ψάρι

ငါး

χελώνα

လိပ်

θαλάσσιος ίππος

ပင်လယ်ဖျံကြီး

αλεπού

မြေခွေး

γαζέλα

ဦးချိုပါ သမင်ဒ္ဒိုတစ်မျိုး

Αμερικάνικο ποδόσφαιρο
အမေရိကန် ဖွတ်ဘော

ποδηλασία
စက်ဘီးစီးခြင်း

αντισφαίριση
တင်းနစ်ရိုက်ခြင်း

μπάσκετ
ဘတ်စကက်ဘော

κολύμβηση
ရေကူးခြင်း

πυγχαμία
လက်ဝှေ့

χόκεϊ επί πάγου
ရေခဲပြင် ဟော်ကီ

ποδόσφαιρο
ဘောလုံးကန်ခြင်း

μπάντμιντον
ကြက်တောင်ရိုက်ခြင်း

στίβος
ကိုယ်လက်လှုပ်ရှား
အားကစားများ

χάντμπολ
ဟန်းဒ်ဘော ခေါ် လက်ပစ်ဘော

σκι
နှင်းလျှောစီးခြင်း

πόλο
ပိုလို

δραστηριότητες
လှုပ်ရှားမှုများ

πηδάω
ခုန်သည်
αγκαλιάζω
ပွေ့ဖက်သည်
γελάω
ရယ်မောသည်
περπατάω
လမ်းလျှောက်သည်
τραγουδάω
သီချင်းဆိုသည်
ονειρεύομαι
အိပ်မက်သည်
προσεύχομαι
ဆုတောင်းသည်
φιλάω
နမ်းရှုပ်သည်

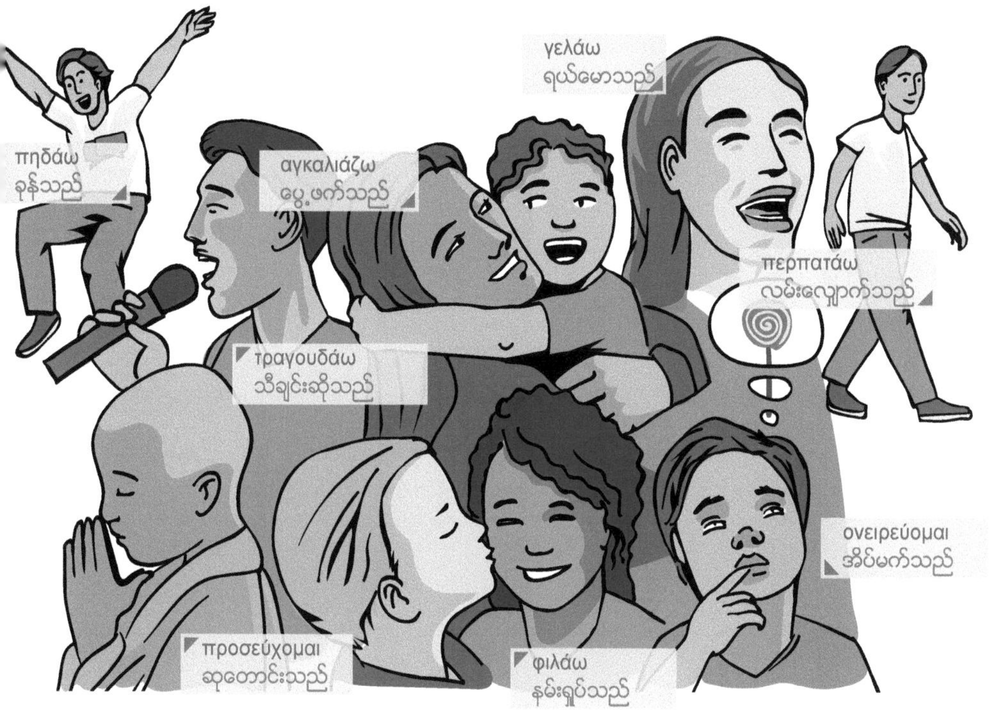

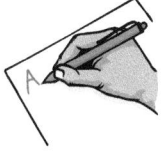

γράφω

စာရေးသည်

σχεδιάζω

ရေးဆွဲသည်

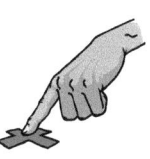

δείχνω

ပြသသည်

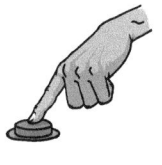

πιέζω

တွန်းသည်

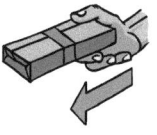

δίνω

ပေးသည်

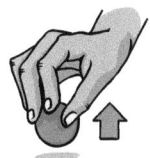

παίρνω

ယူသည်

έχω

ရှိသည်

κάνω

ပြုလုပ်သည်

είμαι

ဖြစ်သည်

στέκομαι

မတ်တပ်ရပ်သည်

τρέχω

ပြေးသည်

τραβάω

ဆွဲသည်

ρίχνω

ပစ်သည်

πέφτω

လဲကျသည်

ξαπλώνω

လိမ့်လည်သည်သည်

περιμένω

စောင့်ဆိုင်းသည်

κουβαλώ

သယ်ဆောင်သည်

κάθομαι

ထိုင်သည်

φοράω

အဝတ်အစားဝတ်သည်

κοιμάμαι

အိပ်သည်

ξυπνάω

အိပ်ယာမှ ထသည်

κοιτάω

တစ်ခုခုကို ကြည့်ရှုသည်

κλαίω

ငိုသည်

χαϊδεύω

ပွတ်သပ်သည်

χτενίζω

ဘီးဖီးသည်

μιλάω

စကားပြောသည်

καταλαβαίνω

နားလည်သည်

ρωτάω

မေးသည်

ακούω

နားထောင်သည်

πίνω

သောက်သည်

τρώω

စားသည်

συγυρίζω

သပ်ရပ်အောင်လုပ်သည်

αγαπάω

ချစ်သည်

μαγειρεύω

ချက်ပြုတ်သည်

οδηγώ

မောင်းသည်

πετάω

ပျံသန်းသည်

κάνω ιστιοπλοΐα

ရွက်လွှင့်သည်

υπολογίζω

တွက်ပါ

διαβάζω

ဖတ်သည်

μαθαίνω

သင်ယူသည်

δουλεύω

အလုပ်လုပ်သည်

παντρεύομαι

လက်ထပ်သည်

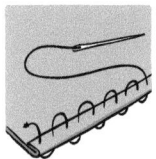

ράβω

အပ်ချုပ်သည်

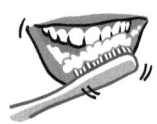

βουρτσίζω τα δόντια

သွားတိုက်သည်

σκοτώνω

သတ်သည်

καπνίζω

ဆေးလိပ်သောက်သည်

στέλνω

ပို့သည်

οικογένεια
မိသားစု

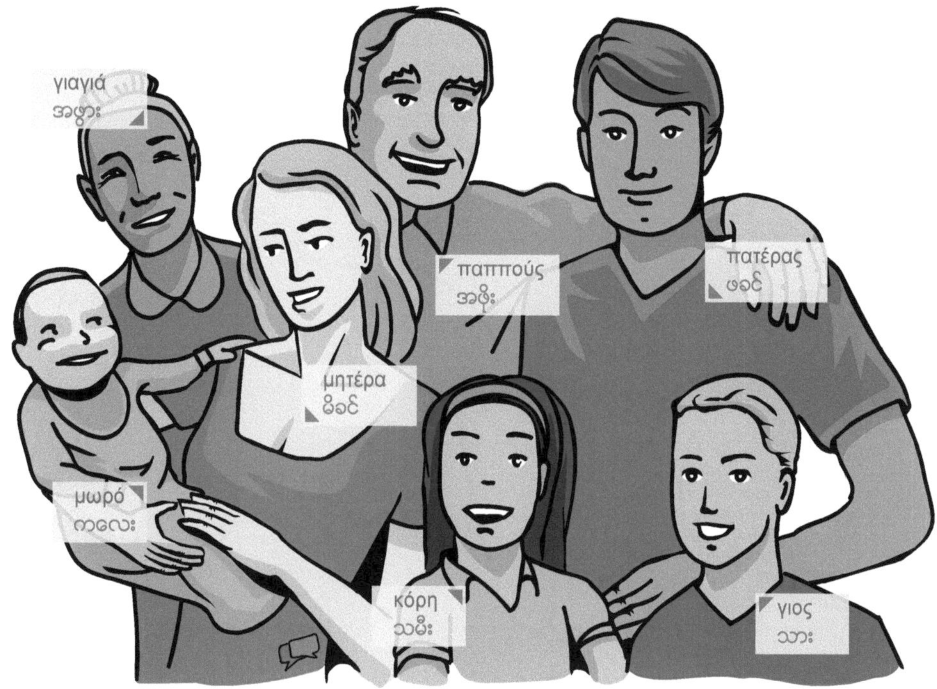
γιαγιά
အဖွား
παππούς
အဖိုး
πατέρας
ဖခင်
μητέρα
မိခင်
μωρό
ကလေး
κόρη
သမီး
γιος
သား

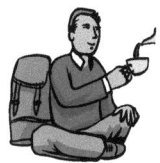

καλεσμένος
ဧည့်သည်

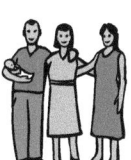

θεία
အဒေါ်

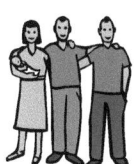

θείος
ဦးလေး

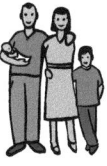

αδελφός
အစ်ကို

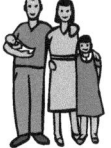

αδελφή
အစ်မ

σώμα
ကိုယ်ခန္ဓာ

μέτωπο
နဖူး
μάτι
မျက်လုံး
ώμος
ပုခုံး
δάχτυλο
လက်ချောင်း
πρόσωπο
မျက်နှာ
πιγούνι
မေးစေ့
χέρι
လက်
πόδι
ခြေသလုံး
στήθος
ရင်သား
βραχίονας
လက်မောင်း

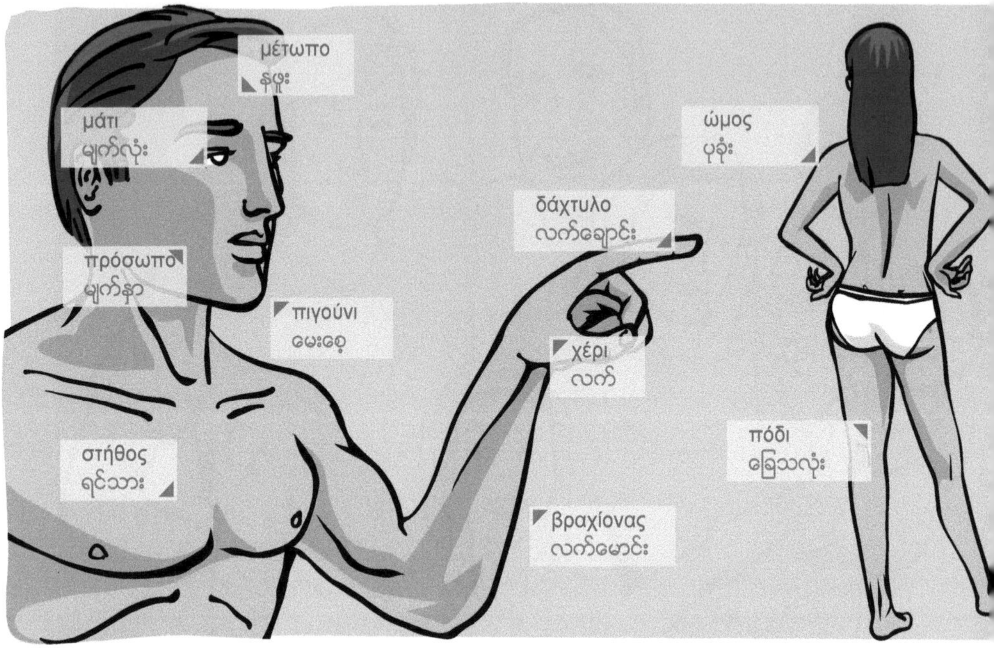

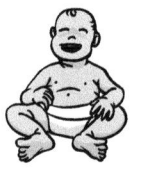

μωρό

ကလေး

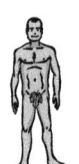

άνδρας

ယောက်ျားကြီး

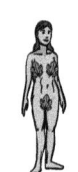

γυναίκα

အမျိုးသမီးကြီး

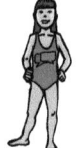

κορίτσι

မိန်းကလေး

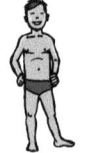

αγόρι

ယောက်ျားလေး

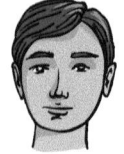

κεφάλι

ဦးခေါင်း

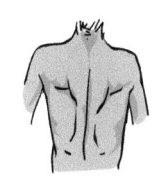

πλάτη

နောက်ကျော

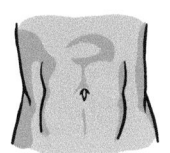

κοιλιά

ဗိုက်

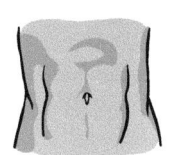

αφαλός

ချက်

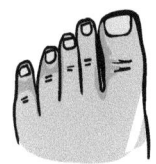

δάχτυλο ποδιού

ခြေချောင်း

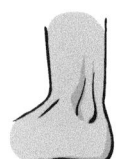

φτέρνα

ဖနောင့်

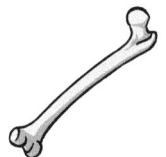

κόκκαλο

အရိုး

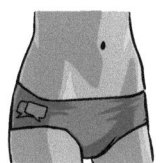

γοφός

တင်ရိုး

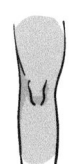

γόνατο

ဒူးခေါင်း

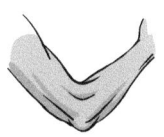

αγκώνας

တံတောင်ဆစ်

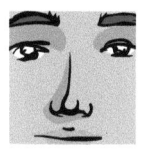

μύτη

နှာခေါင်း

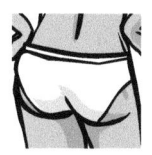

γλουτός

တင်ပါး

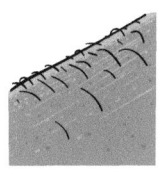

δέρμα

အရေပြား

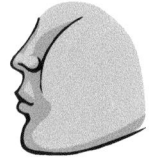

μάγουλο

ပါးပြင်

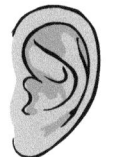

αυτί

နား

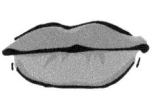

χείλος

နှုတ်ခမ်း

στόμα

ပါးစပ်

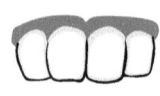

δόντι

သွား

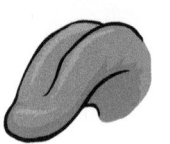

γλώσσα

လျှာ

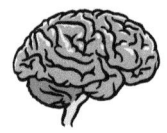

εγκέφαλος

ဦးနှောက်

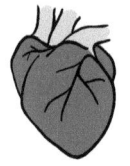

καρδιά

နှလုံး

μυς

ကြွက်သား

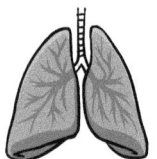

πνεύμονας

အဆုတ်

συκώτι

အသည်း

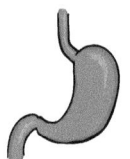

στομάχι

အစာအိမ်

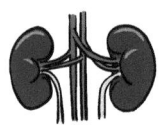

νεφρά

ကျောက်ကပ်များ

σεξουαλική επαφή

လိင်

προφυλακτικό

ကွန်ဒုံး

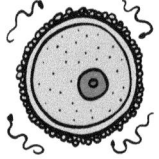

ωάριο

သားဥ

σπέρμα

သုတ်ရည်

εγκυμοσύνη

ကိုယ်ဝန်

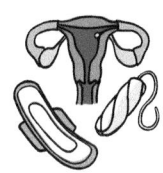

περίοδος

မွေတာလာခြင်း

γυναικείος κόλπος

မိန်းမကိုယ်

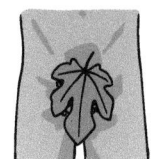

πέος

လိင်တံ

φρύδι

မျက်ခုံး

μαλλιά

ဆံပင်

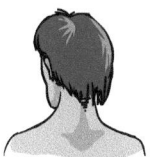

λαιμός

လည်ပင်း

νοσοκομείο

ဆေးရုံ

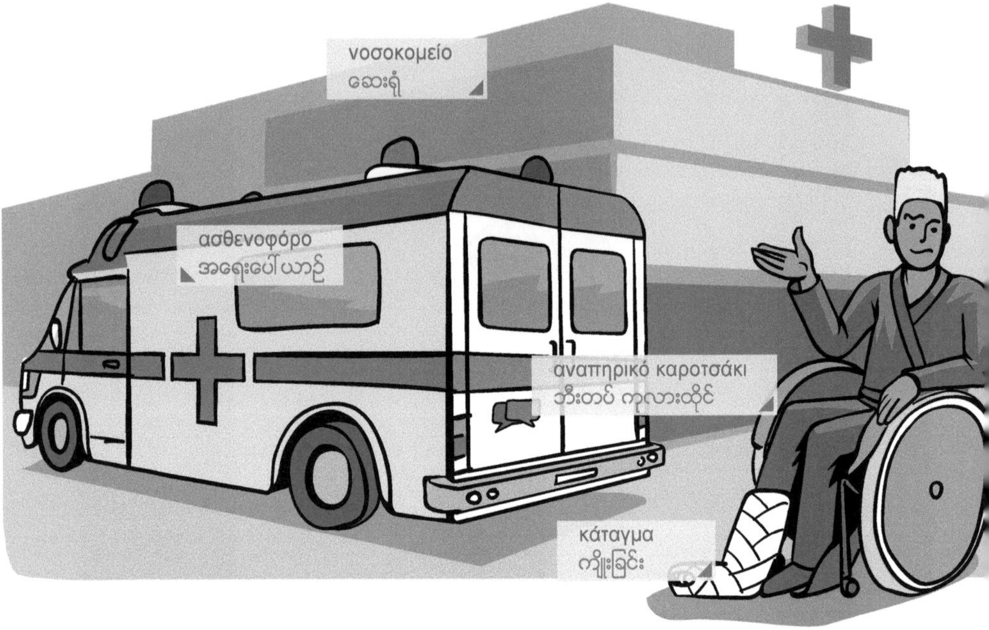

νοσοκομείο
ဆေးရုံ
ασθενοφόρο
အရေးပေါ်ယာဉ်
αναπηρικό καροτσάκι
ဘီးတပ် ကုလားထိုင်
κάταγμα
ကျိုးခြင်း

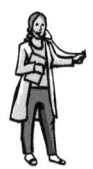

γιατρός

ဆရာဝန်

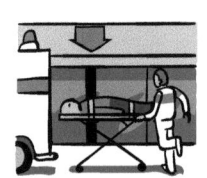

μονάδα εντατικής θεραπείας

အရေးပေါ် ဆေးကုသခန်း

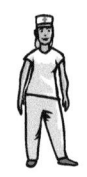

νοσοκόμα

သူနာပြု

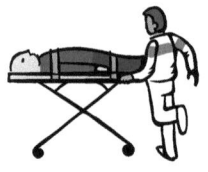

έκτακτη ανάγκη

အရေးပေါ်

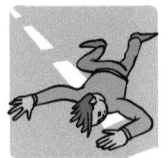

λιπόθυμος

သတိလစ်ခြင်း

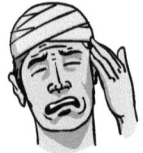

πόνος

နာခြင်း

τραύμα

ဒဏ်ရာ

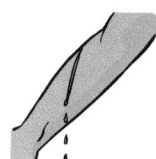

αιμορραγία

သွေးယိုထွက်ခြင်း

έμφραγμα

နှလုံးရပ်ခြင်း

εγκεφαλικό

လေဖြတ်ခြင်း

αλλεργία

ဓာတ်မတည့်ခြင်း

βήχας

ချောင်းဆိုးခြင်း

πυρετός

အဖျား

γρίπη

တုပ်ကွေးရောဂါ

διάρροια

ဝမ်းပျက်ဝမ်းလျှောခြင်း

πονοκέφαλος

ခေါင်းကိုက်ခြင်း

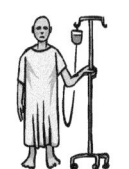

καρκίνος

ကင်ဆာရောဂါ

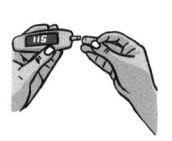

διαβήτης

ဆီးချိုရောဂါ

χειρουργός

ခွဲစိတ်ဆရာဝန်

νυστέρι

ခွဲစိတ်ခန်းသုံးဓါးပါး

εγχείρηση

ခွဲစိတ်ခြင်း

αξονική τομογραφία

စီတီ

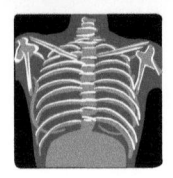

ακτινογραφία

ဓာတ်မှန်

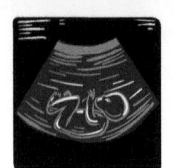

υπέρηχος

အာထရာဆောင်း

μάσκα

မျက်နှာဖုံး

ασθένεια

ရောဂါ

αίθουσα αναμονής

စောင့်ဆိုင်းရန် အခန်း

πατερίτσα

ချိုင်းထောက်

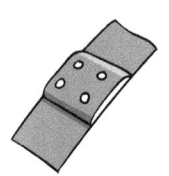

χάνσαπλαστ

ပလာစတာ

επίδεσμος

ပတ်တီး

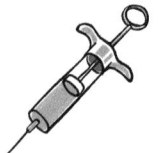

ένεση

ထိုးဆေး

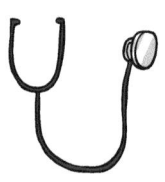

στηθοσκόπιο

နားကြပ်

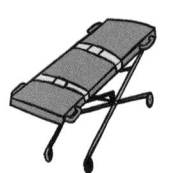

φορείο

လူနာတင်ထမ်းစင်

θερμόμετρο

ကုသရေးပိုင်သုံး
အပူချိန်တိုင်းသာမိုမီတာ

γέννηση

မွေးဖွားခြင်း

υπέρβαρο

အဝလွန်ခြင်း

ακουστικό βαρηκοΐας
နားကြားကိရိယာ

αντισηπτικό
ပိုးသတ်ဆေး

λοίμωξη
ရောဂါကူးစက်ခြင်း

ιός
ဗိုင်းရပ်စ်ပိုး

HIV/AIDS
အိတ်ရ်အိုင်ဗွီ /
အေအိုင်ဒီအက်စ်

φάρμακο
ဆေးဝါး

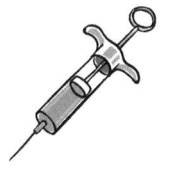

εμβολιασμός
ကာကွယ်ဆေးထိုးခြင်း

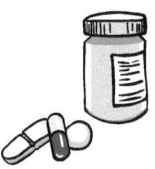

δισκία
ဆေးလုံးများ

χάπι
ဆေးလုံး

λήση έκτακτης ανάγκης
အရေးပေါ် ဖုန်းခေါ်ဆိုမှု

πιεσόμετρο αίματος
သွေးဖိအား စောင့်ကြည့်သည့်
ကိရိယာ

άρρωστος / υγιής
နာမကျန်းသော / ကျန်းမာသော

Βοήθεια!

ကူညီကြပါ။

συναγερμός

အရေးပေါ် ခေါင်းလောင်း

βιαιοπραγία

ရိုက်နက်သည်

επίθεση

တိုက်ခိုက်သည်

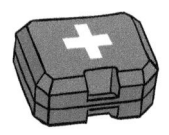

κίνδυνος

အန္တရာယ်

έξοδος κινδύνου

အရေးပေါ် ထွက်ပေါက်

Φωτιά!

မီး။

πυροσβεστήρας

မီးသတ်ပုံး

ατύχημα

မတော်တဆဖြစ်ရပ်

κουτί πρώτων βοηθειών

ကြက်ခြေနီ ဆေးပုံး

SOS

အက်စ်အိုအက်စ်

αστυνομία

ရဲ

Ευρώπη

ဥရောပတိုက်

Βόρεια Αμερική

မြောက်အမေရိကတိုက်

Νότια Αμερική

တောင်အမေရိကတိုက်

Αφρική

အာဖရိကတိုက်

Ασία

အာရှတိုက်

Αυστραλία

ဩစတြေးလျတိုက်

Ατλαντικός Ωκεανός

အတ္တလန္တိတ် သမုဒ္ဒရာ

Ειρηνικός Ωκεανός

ပစိဖိတ် သမုဒ္ဒရာ

Ινδικός Ωκεανός

အိန္ဒိယ သမုဒ္ဒရာ

Ανταρκτικός Ωκεανός

အန္တာတိတ် သမုဒ္ဒရာ

Αρκτικός Ωκεανός

အာတိတ် သမုဒ္ဒရာ

Βόρειος Πόλος

မြောက်ဝင်ရိုးစွန်း

Νότιος Πόλος

τောင်ဝင်ရိုးစွန်း

Ανταρκτική

အန္တာတိကတိုက်

Γη

ကမ္ဘာမြေကြီး

γη

ကုန်းမြေ

θάλασσα

ပင်လယ်

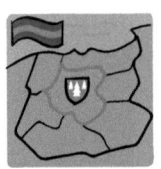

νησί

ကျွန်း

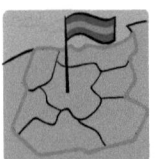

έθνος

နိုင်ငံကူးလက်မှတ်

πολιτεία

ပြည်နယ်

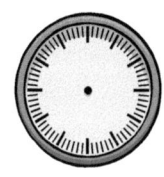

κανтράν ρολογιού

နာရီမျက်နှာပြင်

ωροδείκτης

နာရီလက်တံ

λεπτοδείκτης

မိနစ်လက်တံ

δείκτης δευτερολέπτων

ဒုတိယလက်တံ

Τι ώρα είναι;

ဘယ်အချိန်ရှိပြီလဲ။

ημέρα

ရက်

χρόνος

အချိန်

τώρα

ယခု

ψηφιακό ρολόι

ဒစ်ဂျစ်တယ် လက်ပတ်နာရီ

λεπτό

မိနစ်

ώρα

နာရီ

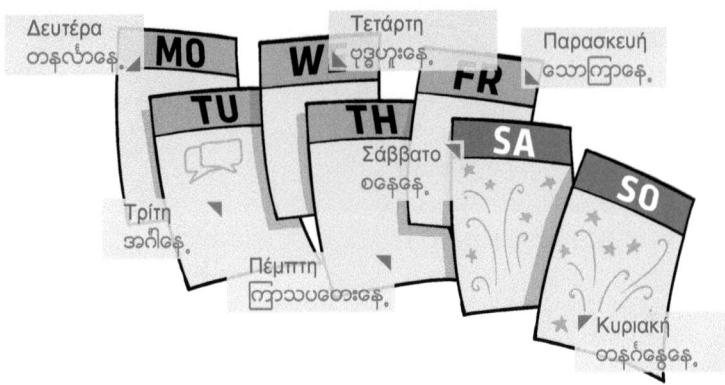

Δευτέρα
တနင်္လာနေ့

Τετάρτη
ဗုဒ္ဓဟူးနေ့

Παρασκευή
သောကြာနေ့

Τρίτη
အင်္ဂါနေ့

Σάββατο
စနေနေ့

Πέμπτη
ကြာသပတေးနေ့

Κυριακή
တနင်္ဂနွေနေ့

χθες

မနေ့က

σήμερα

ယနေ့

αύριο

မနက်ဖြန်

πρωί

မနက်

μεσημέρι

နေ့လည်

βράδυ

ညနေ

MO	TU	WE	TH	FR	SA	SU
1	2	3	4	5	6	7
8	9	10	11	12	13	14
15	16	17	18	19	20	21
22	23	24	25	26	27	28
29	30	31	1	2	3	4

εργάσιμες ημέρες

အလုပ်လုပ်ရက်များ

MO	TU	WE	TH	FR	SA	SU
1	2	3	4	5	6	7
8	9	10	11	12	13	14
15	16	17	18	19	20	21
22	23	24	25	26	27	28
29	30	31	1	2	3	4

Σαββατοκύριακο

စနေ တနင်္ဂနွေ အားလပ်ရက်

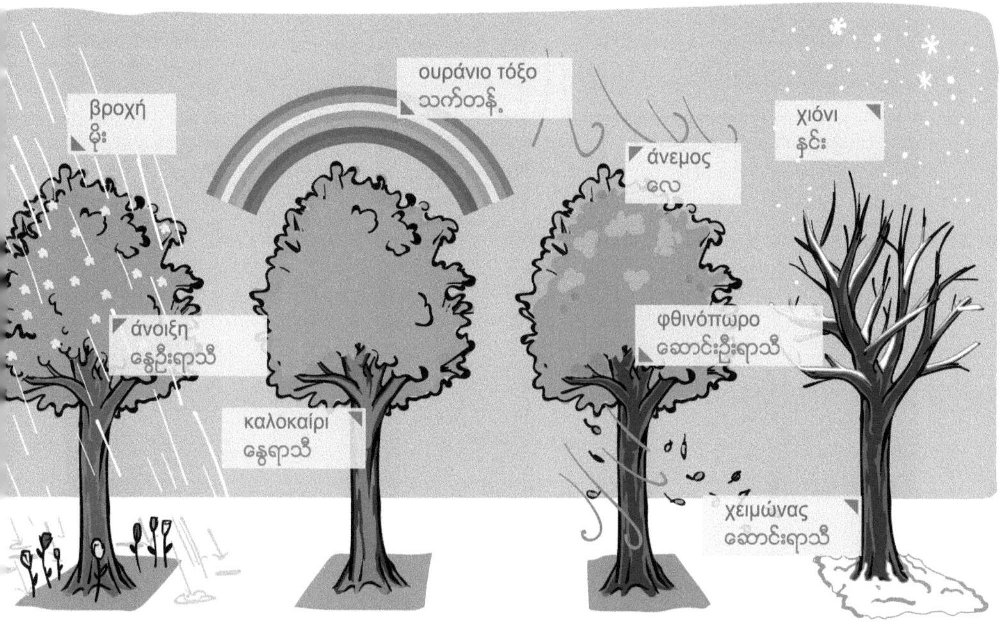

βροχή
မိုး
ουράνιο τόξο
သက်တန့်
άνεμος
လေ
χιόνι
နှင်း
άνοιξη
နွေဦးရာသီ
καλοκαίρι
နွေရာသီ
φθινόπωρο
ဆောင်းဦးရာသီ
χειμώνας
ဆောင်းရာသီ

4.APRIL 11°
5.APRIL 4°
6.APRIL 13°
7.APRIL 8°
8.APRIL 10°

πρόγνωση καιρού
လေဝသ ကြိုတင်ခန့်မှန်းချက်

F C
120 90 60 30 0 -30
40 30 20 10 0 -10 -20

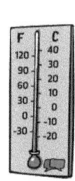

θερμόμετρο
အပူချိန်တိုင်း ကိရိယာ

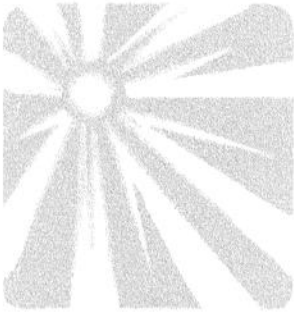

λιακάδα
နေရောင်ခြည်

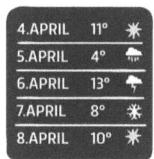

σύννεφο
တိမ်

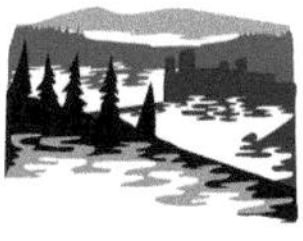

ομίχλη
မြူ

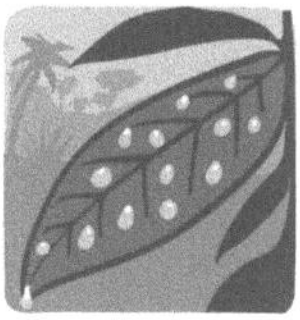

υγρασία
စိုထိုင်းဆ

αστραπή

လျှပ်စီးလက်ခြင်း

κεραυνός

မိုးကြိုး

καταιγίδα

မုန်တိုင်း

χαλάζι

မိုးသီး

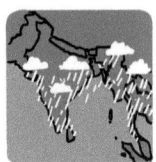

μουσώνας

မိုးရာသီ

πλημμύρα

ရေကြီးခြင်း

πάγος

ရေခဲ

Ιανουάριος

ဇန္နဝါရီလ

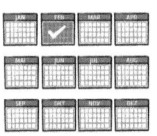

Φεβρουάριος

ဖေဖော်ဝါရီလ

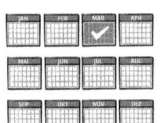

Μάρτιος

မတ်လ

Απρίλιος

ဧပြီလ

Μάιος

မေလ

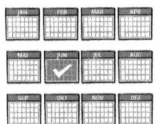

Ιούνιος

ဇွန်လ

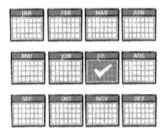

Ιούλιος

ဇူလိုင်လ

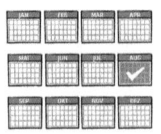

Αύγουστος

သြဂုတ်လ

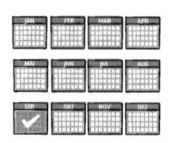

Σεπτέμβριος
········
စက်တင်ဘာလ

Οκτώβριος
········
အောက်တိုဘာလ

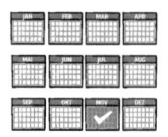

Νοέμβριος
········
နိုဝင်ဘာလ

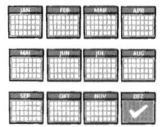

Δεκέμβριος
········
ဒီဇင်ဘာလ

σχήματα
ပုံစံများ

κύκλος
········
စက်ဝိုင်း

τετράγωνο
········
စတုရန်း

ορθογώνιο
παραλληλόγραμμο
ထောင့်မှန်စတုဂံ

τρίγωνο
········
တြိဂံ

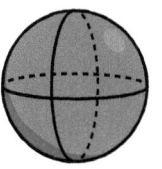

σφαίρα
········
စက်လုံး

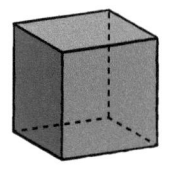

κύβος
········
အတုံး

άσπρο

အဖြူရောင်

κίτρινο

အဝါရောင်

πορτοκαλί

လိမ္မော်ရောင်

ροζ

ပန်းရောင်

κόκκινο

အနီရောင်

μωβ

ခရမ်းရောင်

μπλε

အပြာရောင်

πράσινο

အစိမ်းရောင်

καφέ

အညိုရောင်

γκρι

မီးခိုးရောင်

μαύρο

အနက်ရောင်

πολύ / λίγο

အများအပြား / အနည်းငယ်

θυμωμένος / ήρεμος

စိတ်ဆိုးသော /
စိတ်တည်ငြိမ်သော

όμορφος / άσχημος

လှပသော / ရုပ်ဆိုးသော

αρχή / τέλος

အစ / အဆုံး

μεγάλος / μικρός

အကြီးသော / အငယ်

φωτεινός / σκοτεινός

တောက်ပသော / မှောင်မဲသော

αδελφός / αδελφή

ညီအစ်ကို / ညီအစ်မ

καθαρός / λερωμένος

သန့်ရှင်းသော / ညစ်ပတ်သော

πλήρης / ατελής

ပြည့်စုံသော / မပြည့်စုံသော

ημέρα / νύχτα

နေ့ / ည

νεκρός / ζωντανός

သေသော / ရှင်သော

φαρδύς / στενός

ကျယ်သော / ကျဉ်းသော

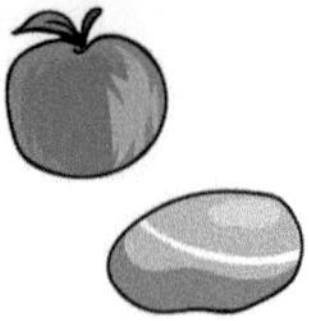

βρώσιμος / μη βρώσιμος

စားသုံးနိုင်သော / မစားသုံးနိုင်သော

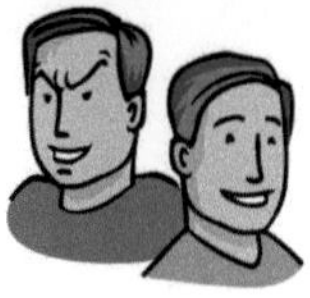

κακός / ευγενικός

စိတ်ယုတ်သော / ကြင်နာသော

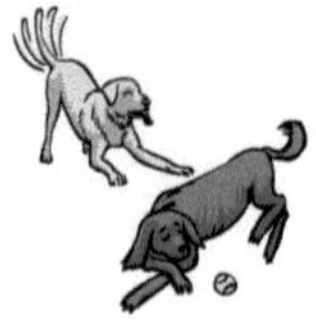

ενθουσιασμένος / βαριεστημένος

စိတ်လှုပ်ရှားဖွယ် / ပျင်းရိဖွယ်

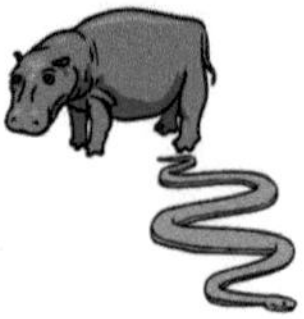

παχύς / λεπτός

ဝသော / ပိန်သော

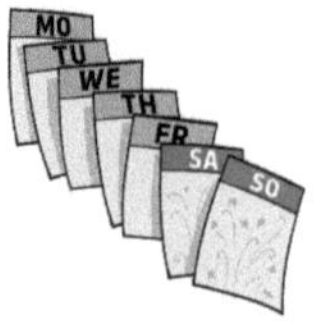

πρώτος / τελευταίος

ပထမ / နောက်ဆုံးပိတ်

φίλος / εχθρός

မိတ်ဆွေ / ရန်သူ

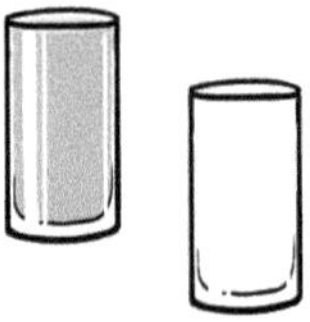

γεμάτος / άδειος

အပြည့် / ဘာမှမရှိ

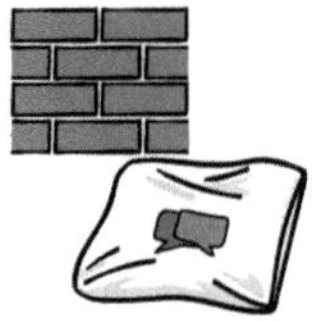

σκληρός / μαλακός

မာသော / ပျော့သော

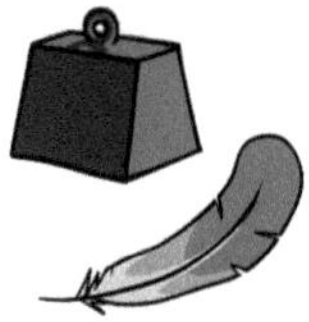

βαρύς / ελαφρύς

လေးလံသော / ပေါ့ပါးသော

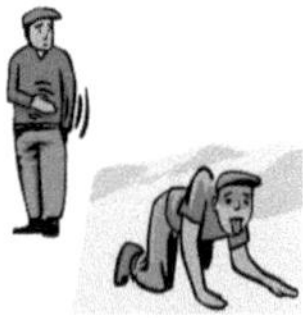

πείνα / δίψα

ို ဆာလောင်သော / ရေဆာသော

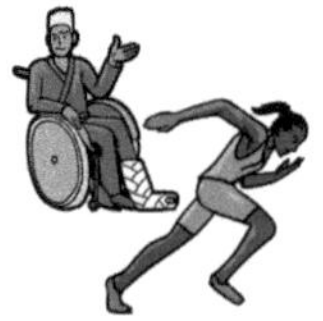

άρρωστος / υγιής

နာမကျန်းသော / ကျန်းမာသော

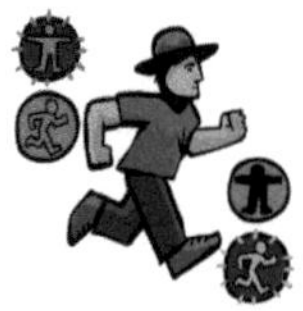

παράνομος / νόμιμος

တရားမဝင်သော / တရားဝင်သော

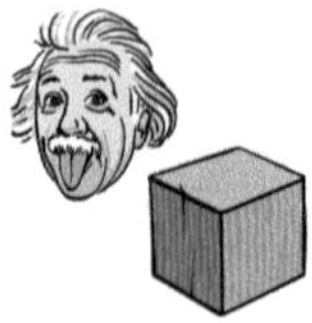

έξυπνος / χαζός

ဉာဏ်ကောင်းသော / ထိုင်းသော

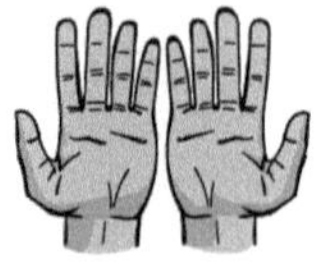

αριστερός / δεξιός

ဘယ် / ညာ

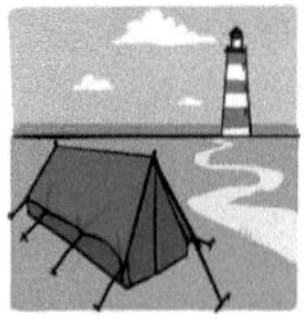

κοντινός / μακρινός

နီးသော / ဝေးသော

καινούριος /
μεταχειρισμένος
အသစ် / အသုံးပြုပြီးသား

τίποτα / κάτι
ဘာမှမရှိ / တစ်ခုခု

γέρος | νέος
အသက်ကြီးသော /
ငယ်ရွယ်သော

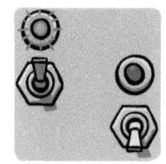

αναμμένος / σβηστός
ဖွင့်သော / ပိတ်သော

ανοιχτός / κλειστός
ဖွင့်သော / ပိတ်သော

χαμηλόφωνος /
μεγαλόφωνος
တိတ်ဆိတ် / ကျယ်လောင်

πλούσιος / φτωχός
ချမ်းသာ / ဆင်းရဲ

σωστός / λανθασμένος
အမှန် / အမှား

τραχύς / λείος
ကြမ်းတမ်း / ချောမွေ့

υπημένος / χαρούμενος
ဝမ်းနည်း / ဝမ်းသာ

κοντός / μακρύς
အတို / အရှည်

αργός / γρήγορος
အနေး / အမြန်

υγρός / στεγνός
…်သော / ခြောက်သွေ့သော

ζεστός / δροσερός
နွေးထွေးသော / အေးမြသော

πόλεμος / ειρήνη
စစ် / ငြိမ်းချမ်းရေး

0

μηδέν

သုည

1

ένα

တစ်

2

δύο

နှစ်

3

τρία

သုံး

4

τέσσερα

လေး

5

πέντε

ငါး

6

έξι

ခြောက်

7

εφτά

ခုနစ်

8

οκτώ

ရှစ်

9

εννιά

ကိုး

10

δέκα

တစ်ဆယ်

11

έντεκα

ဆယ့်တစ်

12

δώδεκα
ဆယ့်နှစ်

13

δεκατρία
ဆယ့်သုံး

14

δεκατέσσερα
ဆယ့်လေး

15

δεκαπέντε
ဆယ့်ငါး

16

δεκαέξι
ဆယ့်ခြောက်

17

δεκαεφτά
ဆယ့်ခုနစ်

18

δεκαοκτώ
ဆယ့်ရှစ်

19

δεκαεννέα
ဆယ့်ကိုး

20

είκοσι
နှစ်ဆယ်

100

εκατό
ရာ

1.000

χίλια
ထောင်

1.000.000

εκατομμύριο
မီလျံ

Αγγλικά

အင်္ဂလိပ် ဘာသာစကား

Αμερικάνικα Αγγλικά

အမေရိကန် အင်္ဂလိပ်
ဘာသာစကား

Μανδαρίνικα Κινέζικα

တရုတ် မန်ဒရင်း ဘာသာစကား

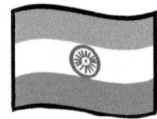

Χίντι

ဟိန္ဒူ ဘာသာစကား

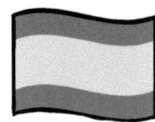

Ισπανικά

စပိန် ဘာသာစကား

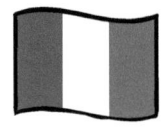

Γαλλικά

ပြင်သစ် ဘာသာစကား

Αραβικά

အာရဗီ ဘာသာစကား

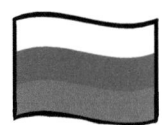

Ρώσικα

ရုရှ ဘာသာစကား

Πορτογαλικά

ပေါ်တူဂီ ဘာသာစကား

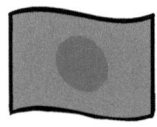

Μπενγκάλι

ဘင်္ဂလီ ဘာသာစကား

Γερμανικά

ဂျာမန် ဘာသာစကား

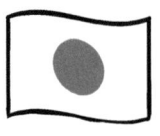

Ιαπωνικά

ဂျပန် ဘာသာစကား

εγώ

ကျွန်ုပ်

εσύ

သင်

αυτός / αυτή / αυτό

သူ / သူမ / ၎င်း

εμείς

ကျွန်ုပ်တို့

εσείς

သင်တို့

αυτοί / αυτές / αυτά

သူတို့

ποιος / ποια / ποιο;

ဘယ်သူလဲ။

τι;

ဘာလဲ။

πώς;

ဘယ်လိုလဲ။

πού;

ဘယ်နေရာလဲ။

πότε;

ဘယ်အချိန်လဲ။

όνομα

အမည်

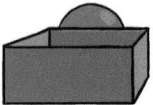

πίσω
အနောက်ဖက်

μέσα
အတွင်း

μπροστά
အရှေ့ဖက်

πάνω από
အထက်ဖက်

πάνω
အပေါ်ဖက်

κάτω
အောက်ဖက်

δίπλα
ဘေးဖက်

ανάμεσα
ကြား

μέρος
နေရာ